準備バッチリ

消防設備士
2類
問題集

髙田 純二 著

電気書院

はじめに

　本書は消防設備士第2類の問題集として作成しました．「要点ガッチリ」シリーズの姉妹書です．

　「要点ガッチリ」シリーズで勉強された内容を，さらに充実させていただけるように構成しました．

　本書には，「要点ガッチリ」シリーズの内容を要約して（詳細は「要点ガッチリ」シリーズのテキストを読み返してください．），おさらい，確認として記載していますので，思い出していただき，問題にかかれるようにしてあります．

　受験される方の合格のための問題集として，少しでも力になることができれば幸いです．

2020年1月　髙田　純二

学　び　方

■ 本書の特徴 ∥

　本書は，消防設備士試験をはじめて受験される方を対象に，試験に出題される問題を中心に収録しました．「要点ガッチリ」と併せて使用することで，問題演習後のおさらいも簡単に行うことができます．

① 出題形式への対応性
　過去の試験に出題された問題および，想定される問題を項目ごとに編集しました．出題形式も基本的形式から想定される形式としたことで，さまざまな出題形式に対し，柔軟な対応ができるようになります．

② 「章のおさらい」を赤シートで確認
　「要点ガッチリ」シリーズの赤シートを使うことで，章ごとのおさらいを簡単に行うことができます．苦手な項目を見つけて，本試験までに克服しましょう．

③ 項目ごとに問題・解説
　「要点ガッチリ」シリーズと同様の項目分けとなっています．テキストの問題だけでは不安な箇所を重点的に学習することができます．

■ 使用方法 ∥

① 「章のおさらい」を確認
　章のはじめに，「章のおさらい」を収録しました．まずは章ごとのおさらいを行い，苦手な項目を見つけ出しましょう．

② 問題演習
　苦手な項目を見つけたら，該当する問題をすぐに演習できます．テキストだけでは不安な箇所を重点的に学習できます．

③ おさらい
　「要点ガッチリ」シリーズと同様の項目分けとなっているので，苦手な分野は対応するテキストですぐに確認することができます．

これで苦手克服

❶ 苦手を見つける

章ごとに「章のおさらい」があります．項目ごとの重要事項を確認し，苦手な項目を見つけましょう．

❷ すぐに問題演習

❶で見つけた苦手な項目の問題に，すぐに取り組むことができます．

も く じ

2章 消防用設備等の構造，機能及び工事または整備

3章 消防関係法令

4章 実技試験

試 験 案 内

1 消防設備士について

　ホテル，デパート，飲食店などの建物は，その規模や収容人員等に応じて屋内消火栓設備，スプリンクラー設備，自動火災報知設備等の消防用設備等または特殊消防用設備等の設置が法律によって義務づけられている．それらの工事，整備等を行うには，消防設備士の資格が必要である．これは，消防用設備等の工事や整備等を，それらに必要な知識および技術をもった資格者に独占的にこれを委ねようとするものである．

　消防設備士免状には甲種と乙種があり，甲種消防設備士は，消防用設備等又は特殊消防用設備等（特類の資格者のみ）の工事，整備，点検ができ，乙種消防設備士は消防用設備等の整備，点検を行うことができる．工事，整備，点検のできる消防用設備等は，免状に記載されている種類になる．

表1　消防設備士免状の種類と工事整備対象設備等

免状の種類		工事整備対象設備等の種類
甲種	特類	特殊消防用設備等（従来の消防用設備等に代わり，総務大臣が当該消防用設備等と同等以上の性能があると認定した設備等）
	第1類	屋内消火栓設備，スプリンクラー設備，水噴霧消火設備，屋外消火栓設備パッケージ型消火設備，パッケージ型自動消火設備，共同住宅用スプリンクラー設備
	第2類	泡消火設備，パッケージ型消火設備，パッケージ型自動消火設備，特定駐車場用泡消火設備
	第3類	不活性ガス消火設備，ハロゲン化物消火設備，粉末消火設備，パッケージ型消火設備，パッケージ型自動消火設備
	第4類	自動火災報知設備，ガス漏れ火災警報設備，消防機関へ通報する火災報知設備，共同住宅用自動火災報知設備，住戸用自動火災報知設備，特定小規模施設用自動火災報知設備，複合型居住施設用自動火災報知設備
	第5類	金属製避難はしご，救助袋，緩降機

免状の種類		工事整備対象設備等の種類
乙種	第1類	屋内消火栓設備，スプリンクラー設備，水噴霧消火設備，屋外消火栓設備，パッケージ型消火設備，パッケージ型自動消火設備，共同住宅用スプリンクラー設備
	第2類	泡消火設備，パッケージ型消火設備，パッケージ型自動消火設備，特定駐車場用泡消火設備
	第3類	不活性ガス消火設備，ハロゲン化物消火設備，粉末消火設備，パッケージ型消火設備，パッケージ型自動消火設備
	第4類	自動火災報知設備，ガス漏れ火災警報設備，消防機関へ通報する火災報知設備，共同住宅用自動火災報知設備，住戸用自動火災報知設備，特定小規模施設用自動火災報知設備，複合型居住施設用自動火災報知設備
	第5類	金属製避難はしご，救助袋，緩降機
	第6類	消火器
	第7類	漏電火災警報器

2 消防設備士試験について

●受験資格

「甲種消防設備士試験」は，受験資格が必要である．

・ 受験資格は表2のとおり（ただし，特類を除く）．

・ 詳細は，一般財団法人消防試験研究センターのホームページを参照されたい．

http://www.shoubo-shiken.or.jp/

●受験案内等

「乙種消防設備士試験」については，受験資格は不要である．

受験案内，受験願書などは，一般財団法人消防試験研究センターの各支部などで受験希望者に無償で配布している．入手方法の詳細は，一般財団法人消防試験研究センター各支部などに問い合わせるか上記ホームページを参照されたい．

●受験案内等の入手先

・東京都

一般財団法人消防試験研究センター　本部・中央試験センターおよび都内の各消防署

・東京都以外

一般財団法人消防試験研究センター　各支部および各消防署

表2　甲種消防設備士試験の受験資格（抜すい）

資　格　内　容
1　受験する類以外の「甲種消防設備士免状」の交付を受けている者
2　学校教育法による大学，高等専門学校（5年制），高等学校または中等教育学校において機械，電気，工業化学，土木または建築に関する学科または課程を修めて「卒業した者」.
3　「乙種消防設備士免状」の交付を受けた後2年以上，工事整備対象設備等の整備の経験を有する者.
4　学校教育法による大学，高等専門学校または専修学校に「在学中又は中途退学した者等」で，機械，電気，工業化学，土木または建築に関する科目を15単位以上修得した者.
5　学校教育法による「各種学校その他消防庁長官が定める学校」において機械，電気，工業化学，土木または建築に関する科目を，講義については15時間，演習については30時間，実験，実習および実技については45時間の授業をもってそれぞれ1単位として15単位以上修得した者.
6　技術士法第4条第1項による「技術士」第2次試験に合格した者.
7　電気工事士法第2条第4項に規定する「電気工事士」.（特種電気工事資格者を除く）
8　電気事業法第44条第1項に規定する第1種〜第3種の「電気主任技術者免状」の交付を受けている者.
9　「工事整備対象設備等の工事の補助者」として，5年以上の実務経験を有する者.
10　その他前2から9までに掲げる者に準ずるものとして消防庁長官が定めた者.

●電子申請について

　電子申請を行う場合は，以下の要領となる．詳細は一般財団法人消防試験研究センターのホームページを参照されたい．なお，以下のように証明書類を必要とする場合等は電子申請できないので，書面【受験願書】による申請を行うこと．

・受験資格を証明する書類が必要な場合.（電気工事士・電気主任技術者技術士，卒業証明書等証明書等）

- 科目免除を希望し，資格証明の書類が必要な場合．（電気工事士・電気主任技術者・火薬類免状保有者等）
- 同一試験日に複数の受験を申請する場合．

●試験方法
- 筆記試験は，4肢択一式で行われる．（マークシート方式）
- 実技試験は，鑑別等および製図（いずれも写真・イラスト・図面等による）とも記述式で行われる．
- 電卓・定規類・計算尺・携帯電話およびその他の機器等の使用はできない．

●試験科目と問題数
試験科目と問題数については表3のとおり（ただし，甲種特類を除く）．

表3　甲種消防設備士試験の試験科目と問題数

試験科目 種類		筆記								実技	
		消防関係法令		基礎的知識		構造・機能および工事・整備			計	鑑別等	製図
		共通	類別	機械	電気	機械	電気	規格			
甲種	第1類	8	7	6	4	10	6	4	45	5	2
	第2類	8	7	6	4	10	6	4	45	5	2
	第3類	8	7	6	4	10	6	4	45	5	2
問題数・類別	第4類	8	7	—	10	—	12	8	45	5	2
	第5類	8	7	10	—	12	—	8	45	5	2
試験時間	区分別	2時間15分								1時間00分	
	合計	3時間15分									
乙種	第1類	6	4	3	2	8	4	3	30	5	—
	第2類	6	4	3	2	8	4	3	30	5	—
	第3類	6	4	3	2	8	4	3	30	5	—
問題数・類別	第4類	6	4	—	5	—	9	6	30	5	—
	第5類	6	4	5	—	9	—	6	30	5	—
	第6類	6	4	5	—	9	—	6	30	5	—
	第7類	6	4	—	5	—	9	6	30	5	—
試験時間	区分別	1時間30分								15分	
	合計	1時間45分									

●一部免除について

表4の①〜⑥に該当する者は，申請により試験科目の一部免除を受けることができる（甲種特類を除く）.

表4　試験科目の免除

	該当者	免除内容
①	消防設備士免状を有する者	表5および表6の「消防設備士免状を有する者の免除科目一覧表」のとおり.
②	電気工事士免状を有する者	ア　表3の筆記の基礎的知識，構造・機能および工事・整備のうち電気に関する部分. イ　甲種第4類・乙種第4類の実技は，鑑別等試験の問1が免除になり，乙種第7類の実技は全部免除になる.
③	電気主任技術者免状を有する者	表3の筆記の基礎的知識，構造・機能および工事・整備のうち電気に関する部分.
④	技術士登録証等を有する者 （機械，電気，電子，化学，衛生工学部門）	技術士の部門に応じて，表2および表3の筆記の基礎的知識，構造・機能および工事・整備.
⑤	日本消防検定協会または指定検定関係の職員で，型式承認の試験の実施業務に2年以上従事した者	表3の筆記の基礎的知識，構造・機能および工事・整備.
⑥	消防団員として5年以上勤務し，かつ，消防組織法第51条第4項の消防学校の教育訓練のうち専科教育の機関科を修了した者	乙種第5類・第6類の筆記は基礎的知識のうち機械に関する部分，実技は全部免除になる.

表5　消防設備士免状を有する者の免除科目一覧表（甲種受験）

受験する試験の種類	既に取得している資格種類				
	甲1類	甲2類	甲3類	甲4類	甲5類
甲種第1類		◎	◎	○	○
甲種第2類	◎		◎	○	○
甲種第3類	◎	◎		○	○
甲種第4類	○	○	○		○
甲種第5類	○	○	○	○	

※　乙種消防設備士の資格で，甲種消防設備士の科目免除はない．

※　表中　◎は消防関係法令の共通部分と基礎的知識が免除になる．
　　　　　○は消防関係法令の共通部分が免除になる．

表6　消防設備士免状を有する者の免除科目一覧表（乙種受験）

受験する試験の種類	既に取得している資格種類											
	甲1	甲2	甲3	甲4	甲5	乙1	乙2	乙3	乙4	乙5	乙6	乙7
乙種第1類		◎	◎	○	○		◎	◎	○	○	○	○
乙種第2類	◎		◎	○	○	◎		◎	○	○	○	○
乙種第3類	◎	◎		○	○	◎	◎		○	○	○	○
乙種第4類	○	○	○		○	○	○	○		○	○	○
乙種第5類	○	○	○	○		○	○	○	○		◎	○
乙種第6類	○	○	○	○	◎	○	○	○	○	◎		○
乙種第7類	○	○	○	◎	○	○	○	○	◎	○	○	

※　表中　◎は消防関係法令の共通部分と基礎的知識が免除になる．
　　　　　○は消防関係法令の共通部分が免除になる．

●合否判定

　「消防関係法令」，「基礎的知識」，「構造・機能および工事・整備」の科目ごとの正答が，40％以上で全体の出題数の60％以上，かつ，実技試験（甲種特類を除く）において正答が60％以上である必要がある．

　なお，試験の一部免除がある場合は，免除を受けた以外の問題で上記の正答をした者を合格としている．

法令関係略号について

略号	法　　令　　等
法	・消防法（昭和 23 年法律第 186 号）
令	・消防法施行令（昭和 36 年政令第 37 号）
規則	・消防法施行規則（昭和 36 年自治省令第 6 号）
告示	・消防庁告示
危政令	・危険物の規制に関する政令（昭和 34 年政令第 306 号）
危規則	・危険物の規制に関する規則（昭和 34 年総理府令第 55 号）
条例	・火災予防条例
高安法	・高圧ガス保安法
建基法	・建築基準法（昭和 25 年法律第 201 号）
建基令	・建築基準法施行令（昭和 25 年政令第 388 号）
建基則	・建築基準法施行規則（昭和 25 年建設省令第 40 号）
規格省令	・各種消防用設備等に係る技術上の規格を定める省令

1 機械または電気に関する基礎的知識

1章のおさらい

　この章は，「要点ガッチリ」消防設備士第2類の1章の機械および電気に関する基礎的知識のおさらいである.

　この章では，法則，原理および定理を理解して，計算式を覚える必要がある. 法則，原理および定理を理解すれば計算式は覚えやすい. 法則，原理および定理に関する計算問題の出題は多い.

　この章の問題を解くときに，理解できないところがあれば，このおさらいページを参考にしてほしい.

1章の確認　(1) 機械に関する基礎的知識

水理
●流体の性質
□水は　4　℃のときが，最も密度が高くなり，1 g/cm³ である.

□比重とは，各物質の同体積の　質量　の比である. 水の4℃の質量を1としている.

□　密度　とは，物質の単位体積当たりの質量である.

□ボイルの法則
　温度が一定のもとでは気体の　体積　は　圧力　に反比例して増減する.

□シャルルの法則
　一定の圧力のもとでは，一定量の気体の体積は　絶対温度　に比例して増減する.
　※絶対零度は一般的には−273℃で表される.

□ボイル・シャルルの法則
　一定量の気体の体積は，圧力に　反比例　し，絶対温度に　比例　して増減する.

P.28 参照

●静水力学

□絶対圧力 ＝ ゲージ圧力 ＋ 大気圧

□トリチェリの実験

　大気圧は水銀柱 76 cm の高さとつり合う.

□圧力と水頭

　圧力は水柱の高さでも表される. これは 水頭 といわれる. 1気圧の
　水柱の高さは, 10.33 m である.
　圧力 P [Pa] と水頭 h [m] の関係は下記の式で表せる.

$$P = 9.8\,rh \times 10^3$$

　　　r：比重

□ パスカルの原理

　密閉された容器内の液体に圧力を加えると, 圧力は増減なく, 全体に伝わる.
　この原理を利用して力を拡大することができる. 図1.1のような水圧機で,
　断面積 S_1 のピストンに F_1 の圧力を加えると, 断面積 S_2 には F_2 の圧力を
　うける.

$$\frac{F_2}{F_1} = \frac{S_2}{S_1}$$

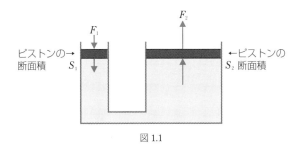

ピストンの→
断面積 S_1
←ピストンの
S_2 断面積

図1.1

□浮力

　液体中にある物体は, その物体が排除した液体の質量と等しい上向きの力
　を受ける. これを 浮力 といい, この現象を アルキメデスの原理
　という.

P.29 参照

●動水力学

□ 連続の定理

　配管内を流れる流体は，管径が変わっても入口と出口の流量は同じである．

□ベルヌーイの定理（エネルギー保存の法則）

　配管の管径，高さが違っても，その配管の中を流れる流体のエネルギー（ 圧力 水頭， 速度 水頭， 位置 水頭）は一定である．

□ トリチェリの定理

　液体を入れた容器の壁に小さな穴をあけたとき，その穴から流出する液体の速度に関する法則である．

□ 摩擦損失

　配管内の流体の流れは，粘性，流れの乱れ（乱流）などにより，エネルギーを損失する．その摩擦損失は， 管の長さ L [m] ， 流速 V [m/s] の2乗 に比例し， 管径 D [cm] に反比例する．

$$\Delta P = \lambda \cdot \frac{L}{D} \cdot \frac{V^2}{2g}$$

　　　λ：管摩擦係数

　　　g：重力加速度（9.8 m/s²）

P.31 参照

●ポンプ

　ポンプの性能は 揚程 と 流量 で表される．

□ 水撃作用

　ウォーター・ハンマーともいい，弁の急開，急閉時に発生し，配管が激しく振動する．発生の原因は，配管内の流体が，急激に移動，停止するために起こる．

□ キャビテーション

　ポンプ内の流体に空洞が発生したときに起きる．発生の原因は，弁を急開したときなどに，流体が流れすぎ，ポンプの吸い込みが追い付かないこと

などで起きる.

□ サージング

ポンプの吐出圧力, 吐出量が周期的に変化する現象をサージングという.

➡ P.31 参照

応用力学

●力

□力の作用

力を表現するには, 力の 大きさ , 作用点 , 方向 が必要である. これを 力の 三要素という.

□力の合成と分解

二つの力は一つに 合成 できるし, 一つの力を二つに 分解 できる.

□ モーメント

物体の回転に対する作用をいう.

回転軸に作用する力のモーメント（トルク）は下記の式で表せる.

$$M = F \times r$$

M：力のモーメント $[\mathrm{N \cdot m}]$

F：力 $[\mathrm{N}]$

r：力がかかる位置より回転軸までの距離 $[\mathrm{m}]$

□力のつり合い

1点に多くの力が働いて, 合力, モーメントがゼロであるとき, それらの力は つり合っている という. この状態では, 物体は動かず, 回転もしない.

□ 重心

物体をバランスよく支えられる点をいう.

➡ P.32 参照

●運動

□速度と加速度

　単位時間における位置の変化を　速度　という.

　単位時間における速度の変化を　加速度　という.

□ニュートンの運動の法則

　運動の第一法則 ― 　慣　性　の法則

　運動の第二法則 ― 　運　動　の法則

　運動の第三法則 ― 作用・反作用 の法則

□円運動

　円運動は, 時間当たりの角度変化を　角速度　, 円周上の速さを　周速度　という.

□運動量

　運動量とは, 物体の　質量　と　速度　の積をいう.

　物体の運動量は, 二つの物体の間に働く力が作用, 反作用の関係にあるとき, 二つの物体の運動量の和は変わらない. これを 運動量保存 の法則という.

⟹　P.34 参照

●仕事

□仕事とは, 物体に働いた　力　と, 物体が移動した　距離　の積をいう.

□エネルギー保存の法則

　力学的なエネルギーには, 　位置　エネルギーと　運動　エネルギーがある.

　位置エネルギーと運動エネルギーの　総和　は一定である.

□仕事と動力

　仕事 Q [J（ジュール）] とは, 物体に働いた力 F [N] と, 物体が移動し

た距離（変位 s [m]）の積をいう．

$$Q = \boxed{F \cdot s}$$

$$1\,J = 1\,N \times 1\,m$$

仕事率（動力）P [W] とは，単位時間 t [秒] に行った仕事をいう．

$$P = \boxed{\frac{Q}{t} = \frac{Fs}{t} = Fv}$$

v：速度 [m/s]

□仕事の原理

　仕事の原理とは，てこ，滑車などは，外から与えられた仕事以上の仕事は
できない．それらがする仕事は，外から与えられた仕事に $\boxed{等しい}$ ．

□摩擦

　物体と物体が接触しているとき，片方を動かそうとすると抵抗があるこ
とをいう．その抵抗力を $\boxed{摩擦力}$ という．摩擦には，すべり摩擦と
$\boxed{ころがり}$ 摩擦がある．

➡ P.35 参照

荷重と応力

●荷重の種類

□荷重の種類には，$\boxed{引張}$ 荷重，$\boxed{圧縮}$ 荷重，$\boxed{せん断}$ 荷重，
$\boxed{曲げ}$ 荷重，$\boxed{ねじり}$ 荷重がある．

●応力

□物体に荷重が働くと，その物体内部に抵抗する力が生じる．これを
$\boxed{内力}$ という．単位面積当たりの $\boxed{内力}$ を応力という．

□ひずみ

　物体は外力を受けると変形する．その変形量ともとの長さの比を
$\boxed{ひずみ}$ という．

□フックの法則

比例限度内では，応力とひずみは正比例する．これを フックの法則 と
いう．

□クリープ

材料に長時間応力を加え続けると，ひずみが増大する現象を クリープ
という．

□許容応力

許容応力 とは，材料の極限強さを安全率で除した値をいう．

P.35 参照

機械材料
●**機械材料の特性**
□熱処理

熱処理の方法は， 焼き入れ ， 焼きもどし ， 焼きなまし ，
焼きならし がある．

●**鉄鋼材料**
□鉄鋼材料の種類は， 炭素鋼 ， 合金鋼 ， 鋳鉄 ， 鋳鋼
がある．

●**非鉄金属材料**
□非鉄金属材料の種類は， 銅・銅合金 ， ニッケル・ニッケル合金 ，
アルミニウム・アルミニウム合金 ， はんだ などがある．
銅合金には， 黄銅 と 青銅 があり，黄銅は 真ちゅう とも
いわれ，青銅は 砲金 ともいわれる．

●**機械材料の試験**
□機械材料の硬さ試験には， ブリネル 硬さ試験， ロックウェル 硬さ試験，
ビッカース 硬さ試験， ショア 硬さ試験がある．

P.38 参照

1章の確認 (2) 電気に関する基礎的知識

電気の基礎

□オームの法則

抵抗に流れる電流 I は，加えた電圧 V に $\boxed{\text{比例}}$ し，抵抗 R に $\boxed{\text{反比例}}$ する.

$$I = \boxed{V/R}$$

□合成抵抗値 R の計算

直列接続の場合は，各抵抗値の $\boxed{\text{和}}$ となる.

$$R = \boxed{R_1 + R_2 + R_3}$$

並列接続の場合は，各抵抗値の $\boxed{\text{逆数の和の逆数}}$ となる.

$$\frac{1}{R} = \boxed{\frac{1}{R_1} + \frac{1}{R_2} + \frac{1}{R_3}}$$

□合成静電容量値 C の計算

直列の場合は，各コンデンサの静電容量値の $\boxed{\text{逆数の和の逆数}}$ となる.

$$\frac{1}{C} = \boxed{\frac{1}{C_1} + \frac{1}{C_2} + \frac{1}{C_3}}$$

並列の場合は，各コンデンサの静電容量値の $\boxed{\text{和}}$ となる.

$$C = \boxed{C_1 + C_2 + C_3}$$

□導体の抵抗

導体の抵抗 R は，導体の長さ l に $\boxed{\text{比例}}$ し，断面積 A に $\boxed{\text{反比例}}$ する.

$$R = \boxed{\rho \frac{l}{A}}$$

ρ：抵抗率

□ジュールの法則

$$Q = \boxed{I^2 Rt} \ [\text{J}] = \boxed{0.24\, I^2 Rt} \ [\text{cal}]$$

Q：ジュール熱 [cal]

I：電流 [A]

R：導体の電気抵抗［Ω］

t：時間［秒］

□電力

電力Pは，1秒当たりの電気的仕事であり，電圧Vと電流Iの積で与えられる．

$$P = \boxed{VI} = \boxed{I^2R} = \boxed{\dfrac{V^2}{R}}$$

R：抵抗

電力量Ptとは，電力Pと使用時間tの積で表す．

$$Pt = \boxed{I^2Rt}$$

□電磁力

磁界の中で導体に電流を流すと，もとの磁界が変化し，その変化をもとに戻す方向に電流は力を受ける．これを $\boxed{電磁力}$ という．そのときの電流，磁界，力の方向は左手の中指，人差し指，親指を直角方向に開いた状態にたとえられて，$\boxed{フレミングの左手の法則}$ といわれる．

□電磁誘導作用

コイルの側近または内部で磁石を動かすと，コイル内の磁束の変化に応じて，変化を妨げる方向に $\boxed{起電力}$ を生じる．これを $\boxed{電磁誘導}$ という．この電磁誘導によって発生する起電力を，$\boxed{誘導起電力}$ という．そのときの磁束方向，磁束を横切る方向（導体の運動方向），誘導電流の方向（起電力の方向）は，右手の人差し指，親指，中指を直角方向に開いた状態にたとえられて，$\boxed{フレミングの右手の法則}$ といわれる．

□交流

電圧が最大のときの値を $\boxed{最大値}$ といい，直流に置き換えたときと同じ働きをする電圧を $\boxed{実効値}$ という．

$$最大値 = \boxed{\sqrt{2} \times 実効値}$$

$$実効値 = \boxed{\dfrac{最大値}{\sqrt{2}} = 0.707 \times 最大値}$$

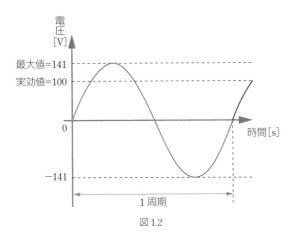

図 1.2

P.42 参照

電気材料

□電気材料には, 導体 , 絶縁体 , 半導体 がある.

P.47 参照

電気計測

□電流・電圧の測定

電流を測定する場合は, 電流計と回路を 直列 に接続する. 電圧を測定する場合は, 電圧計と回路を 並列 に接続する.

□抵抗の測定

抵抗の測定には, 絶縁 抵抗測定, 接地 抵抗測定がある.

□ 導通 試験測定

回路に電流が流れるかどうかを調べること.

□ ゼーベック 効果

異なる金属を接合し, 接合点を加熱すると起電力が生じる. これを利用したものを, 熱電対 温度計という.

□指示電気計器の記号と種類

表 1.1

記 号	種 類	使用回路	動作原理
	可動コイル形	直流	永久磁石の磁束と可動コイルの電流による電磁力
	可動鉄片形	交流	磁界内の鉄片に働く電磁力
	電流力計形	交流，直流	電流相互間の電磁力
	整流形	交流	整流器と可動コイル形の組合せ
	熱電形	交流，直流	熱電形と可動コイル形の組合せ
	静電形	交流，直流	充電金属板間の静電作用
	誘導形	交流	交番磁束とこれによる誘導電流との相互作用

⟹ P.47 参照

電気機器

□変圧器

交流の電圧および電流の大きさを 電磁誘導 作用によって，変化させるものである．

変圧比は下記の式で表される．

$$\alpha = \boxed{\frac{V_1}{V_2} = \frac{N_1}{N_2} = \frac{I_2}{I_1}}$$

α：変圧比，V_1：一次側電圧，V_2：二次側電圧，N_1：一次側巻線数，N_2：二次側巻線数，I_1：一次側電流，I_2：二次側電流

□整流器

整流器とは，$\boxed{\text{交流}}$ を $\boxed{\text{直流}}$ に変換する装置のことである．

□三相誘導電動機

三相誘導電動機では，固定子側に交流電流を加えると回転する磁界が発生し，回転子が回転する．このときに回転子の回転する回転速度を $\boxed{\text{同期速度 } N_s}$ といい次の式で表される．同期速度は，周波数 f に $\boxed{\text{比例}}$ し，極数 P に $\boxed{\text{反比例}}$ する．

$$N_s = \frac{120f}{P} \ [\text{r/min}]$$

□電動機の始動方法

$\boxed{\text{直入れ}}$ 始動法，$\boxed{\text{スターデルタ}}$ 始動法，$\boxed{\text{クローズドスターデルタ}}$ 始動法，$\boxed{\text{リアクトル}}$ 始動法，$\boxed{\text{コンドルファ}}$ 始動法，$\boxed{\text{二次抵抗}}$ 始動法がある．

□電動機の回転方法の変更

三相誘導電動機の回転方向を変更するには3線の内 $\boxed{\text{2 線}}$ を入れ換えれば反転する．

□電池

$\boxed{\text{一次}}$ 電池とは，一度完全に放電したら使用できないもので，$\boxed{\text{二次}}$ 電池とは，放電しても充電すれば再度使用できるものをいう．電池の種類は，$\boxed{\text{鉛}}$ 電池，$\boxed{\text{アルカリ}}$ 電池（$\boxed{\text{ニッケル・カドミウム}}$ 電池），$\boxed{\text{リチウムイオン}}$ 電池，$\boxed{\text{レドックス・フロー}}$ 電池などがある．

⟹ P.48 参照

電気設備基準

□電圧の種類

$\boxed{\text{低圧}}$ ：交流 600 V 以下，直流 750 V 以下のもの．

$\boxed{\text{高圧}}$ ：低圧を超え 7 000 V 以下のもの．

$\boxed{\text{特別高圧}}$ ：高圧を超えるもの．

□接地の種類

$\boxed{\text{A}}$ 種，$\boxed{\text{B}}$ 種，$\boxed{\text{C}}$ 種，$\boxed{\text{D}}$ 種がある．

⟹ P.50 参照

1-1　機械に関する基礎的知識

水理

①流体の性質

問1

水の物性についての記述で，誤っているものは次のうちどれか．

(1)　温度次第で，固体，液体，気体になる．

(2)　4 ℃のときが最も密度が高くなる．

(3)　比熱が小さい．

(4)　1 気圧，20 ℃のときは液体である．

問2

比重と密度についての記述で，誤っているものは次のうちどれか．

(1)　比重とは，各物質の同体積の質量の比である．

(2)　比重の数値が 1 とは，水の 0 ℃の質量を基準としている．

(3)　密度とは，物質の単位体積当たりの質量である．

(4)　密度 1 000 kg/m^3 とは，体積 1 m^3 の質量が 1 000 kg の物質をいう．

問3

密閉容器内に気体が充填されていて，気温が 7 ℃において容器内圧力が 10 Mpa であった．容器内の圧力が 11 Mpa になったときの気温で，正しいものは次のうちどれか．

(1)　25 ℃

(2)　30 ℃

(3)　35 ℃

(4)　40 ℃

②静水力学

問4

　絶対圧力とゲージ圧力についての記述で，誤っているものは次のうちどれか．

(1)　ゲージ圧力とは，圧力計に表示される圧力に絶対圧力を減じた圧力値である．

(2)　絶対圧力とは，完全真空を0とした場合の圧力値である．

(3)　ゲージ圧力とは，大気圧を0とした場合の圧力値である．

(4)　圧力計に表示される圧力は，大気圧を表示している．

問5

　大気圧力についての記述で，誤っているものは次のうちどれか．

(1)　1気圧を水柱の高さにすると，10.33 m（水温4 ℃のとき）となる．

(2)　1気圧を水銀柱の高さにすると，760 mm（水銀温0 ℃のとき）となる．

(3)　1気圧を圧力（単位 kg/cm^2）で表すと，1.033 kg/cm^2 となる．

(4)　1気圧を圧力（単位 kPa）で表すと，103.3 kpa となる．

問6

　図は直径の異なる水圧機である．荷重 W_1 と W_2 がつり合っている
とすれば，直径 D_1 と D_2 の値で正しいものは次のうちどれか．ただし，
W_1 は 5 kg，W_2 は 20 kg の荷重とする．

(1)　$D_1 = 3$ cm，$D_2 = 6$ cm

(2)　$D_1 = 4$ cm，$D_2 = 12$ cm

(3)　$D_1 = 5$ cm，$D_2 = 20$ cm

(4)　$D_1 = 6$ cm，$D_2 = 30$ cm

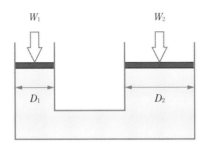

問7

　流体の性質および静水力学の法則，原理についての記述で，誤って
いるものは次のうちどれか．

(1)　温度が一定のもとでは気体の体積は圧力に反比例して増減する．
これをボイルの法則という．

(2)　一定の圧力のもとでは，一定量の気体の体積は絶対温度に比例し
て増減する．これをシャルルの法則という．

(3)　一定量の気体の体積は，圧力に反比例し，絶対温度に比例して増
減する．これをボイル・シャルルの法則という

(4)　密閉された容器内の液体に圧力を加えると，圧力は増減なく，全
体に伝わる．これをアルキメデスの原理という．

③動水力学

問8

次の記述について，誤っているものは次のうちどれか.

(1) 配管内を流れる流体は，管径が変わっても入口と出口の流量は同じである．これを連続の定理という．

(2) 配管の管径，高さが違っても，その配管の中を流れる流体のエネルギーは一定である．これをベルヌーイの定理という．

(3) トリチェリの定理とは，液体を入れた容器の壁に小さな穴をあけたとき，その穴から流出する液体の速度に関する法則である．

(4) 配管内の流体の流れは，粘性，流れの乱れ（乱流）等により，エネルギーを損失する．これを摩擦損失という．この摩擦損失は管の長さおよび流速に比例し，管径に反比例する．

④ポンプ

問9

ポンプの不具合現象についての記述で，誤っているものは次のうちどれか.

(1) ウォーター・ハンマーとは，弁をゆっくり開いたときに起きやすい．

(2) ウォーター・ハンマーとは，弁を急閉したときに起きやすい．

(3) キャビテーションとは，弁を急開したときに起きやすい．

(4) サージングとは，流量を絞って小流量にしたときに起きやすい．

問 10

　ポンプの吐出量が 1 000 L/min，全揚程が 80 m のときのポンプに必要な軸動力で，正しいものは次のうちどれか．ただし，伝達係数 = 1.1，ポンプ効率 = 0.8 とする．

(1)　14 kW
(2)　16 kW
(3)　18 kW
(4)　20 kW

応用力学

①力

問 11

　力に関する記述で，誤っているものは次のうちどれか．

(1)　力を表現するには，力の大きさ，種類，方向が必要である．これを力の三要素という．
(2)　二つの力は一つに合成できるし，一つの力を二つに分解できる．
(3)　物体の回転に対する作用をモーメントという．
(4)　1 点に多くの力が働いて，合力，モーメントがゼロであるとき，それらの力はつり合っているという．

問12

　下図のようにスパナでボルトを締めるのに，B点では10Nの力が必要であった．A点ではどれ位の力が必要か，次の中から選びなさい．ただし，スパナの質量は無視するものとする．

(1)　15 N
(2)　20 N
(3)　25 N
(4)　30 N

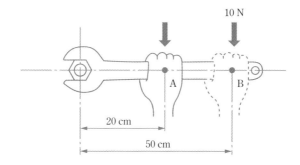

問13

　図のような天秤がつり合っているとすれば，支点Oにかかる荷重Wと位置L（A点からの距離）で，正しいものは次のうちどれか．

(1)　$W = 80$ kg，$L = 25$ cm
(2)　$W = 80$ kg，$L = 50$ cm
(3)　$W = 80$ kg，$L = 55$ cm
(4)　$W = 80$ kg，$L = 110$ cm

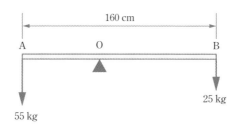

②運動

問14

運動についての記述で，誤っているものは次のうちどれか．

(1) 単位時間における物体の変位を速度といい，単位時間における速度の変化を加速度という．

(2) ニュートンの運動の法則とは，慣性の法則，運動の法則，作用・反作用の法則である．

(3) 円運動は，時間当たりの角度変化を角速度，円周上の速さを周速度という．

(4) 物体の質量と速度の積を運動量保存の法則という．

③仕事

問15

重量 100 kg の物体を 20 秒間で 40 m 移動するのに要する動力で，正しいものは次のうちどれか．ただし，重力加速度は 9.8 m/s² とする．

(1) 2 260 W

(2) 1 960 W

(3) 1 860 W

(4) 1 760 W

問 16

図は一つの定滑車と二つの動滑車を組み合わせた複合滑車であるが，10 t の荷重を吊り上げるのに必要な力は，次のうちどれか．ただし，滑車の質量は無視するものとする．

(1)　14.5 kN 以上
(2)　16.5 kN 以上
(3)　20.5 kN 以上
(4)　24.5 kN 以上

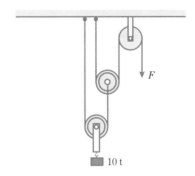

荷重と応力

①荷重の種類

問 17

荷重についての記述で，誤っているものは次のうちどれか．
(1)　引張荷重とは，材料を引き延ばすように働く荷重である．
(2)　圧縮荷重とは，材料を縮めるように働く荷重である．
(3)　曲げ荷重とは，材料を曲げるように働く荷重である．
(4)　ねじり荷重とは，材料を挟み切るように働く荷重である．

②摩擦

問18

　図のように床面に置かれている質量100 kgの物体を動かすのに必要な力Fの値で,正しいものは次のうちどれか.ただし,摩擦係数は0.2とする.

(1)　98 N

(2)　196 N

(3)　294 N

(4)　392 N

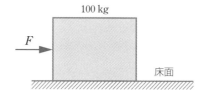

③応力

問19

　直径20 mmの丸棒で6 280 kgの配管を吊り下げた場合の引張応力で,正しいものは次のうちどれか.ただし,円周率は3.14とする.

(1)　98 MPa

(2)　124 MPa

(3)　196 MPa

(4)　272 MPa

問 20

　図は応力・ひずみ線図であるが，A 点の名称を次の中から選びなさい．

(1)　比例限度
(2)　弾性限度
(3)　降伏点
(4)　極限強さ

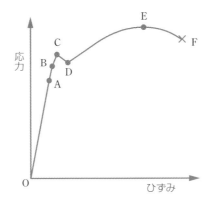

問 21

　応力とひずみについての記述で，誤っているものは次のうちどれか．

(1)　弾性限度内では，応力とひずみは正比例する．これをフックの法則という．
(2)　縦ひずみと横ひずみの比をポアソン比という．
(3)　軸方向の応力と縦ひずみの比をヤング率という．
(4)　材料に長時間応力を加え続けると，ひずみが増大する現象をクリープという．

機械材料

①機械材料の特性

問22

「焼きなまし」についての記述で，正しいものは次のうちどれか．
(1) 高温に加熱し急冷すると硬く，強くなる．
(2) 焼き入れ後に再加熱し，徐々に冷却すると粘りが与えられ，硬さが調整される．
(3) 適当な温度に加熱し，徐々に冷却すると，やわらかくなり，組織が均一化する．
(4) 高温で再加熱し，空冷することで，粘り強さが増し，より安定した組織となる．

②鉄鋼材料

問23

鉄鋼材料についての記述で，誤っているものは次のうちどれか．
(1) 鉄に少量の炭素(2.5 ～ 4.0 %)が合金されたものを炭素鋼という．
(2) 炭素鋼にほかの元素を1種類以上加えたものを合金鋼という．特殊鋼ともいう．強度や耐食性に優れている．
(3) 炭素，ケイ素を少量含む鉄を鋳造したものを鋳鉄という．耐摩耗性，圧縮性に優れるが，衝撃に弱い．
(4) 鋼を鋳造したものを鋳鋼という．鋳鉄より強度，耐摩耗性，靭性などが優れている．

機械材料

③非鉄金属材料

問24

非鉄金属材料についての記述で，誤っているものは次のうちどれか．

(1) 「銅および銅合金」は，電気，熱の伝導度が高く，耐食性，展延性に優れている．黄銅は，銅と亜鉛系の合金で真ちゅうともいわれる．青銅は，銅とすず系の合金で砲金ともいわれる．

(2) 「ニッケルおよびニッケル合金」は，安定した金属で，電気抵抗が高く，耐食性に優れている．

(3) 「アルミニウム・アルミニウム合金」は，比重が軽く，電気や熱の伝導度が高い．

(4) 「はんだ」は，すずと銅の合金である．

④溶接

問25

溶接についての記述で，誤っているものは次のうちどれか．

(1) ガス溶接とは，可燃性ガスを燃焼させて溶接部を加熱し，溶着金属を使用して溶融接続をする．溶接速度は関係なく，アーク光がないのが特徴である．

(2) 被覆アーク溶接とは，溶接棒を電極として，溶接する金属との間にアークを発生させる溶接方法で，風に強いのが特徴である．

(3) ティグ溶接とは，電気を用いた溶接方法の一種で，電極棒に消耗しないタングステンの材料を使用して，別の溶接棒をアークで溶融する方法で，非鉄金属等の溶接に使用される．

(4) スポット溶接とは，板金を両側から円盤状の電極で押さえながら電気を流して，その電気抵抗熱で板金を溶かし，線状に接合する．

⑤機械材料の試験

問26

機械材料の硬さ試験の方法の名称についての記述で，誤っているものは次のうちどれか．

(1) スポット硬さ試験

(2) ロックウェル硬さ試験

(3) ビッカース硬さ試験

(4) ショア硬さ試験

⑥ばね

問27

図はばねに滑車を介して荷重 W を接続したものである．ばね F_1 および F_2 に働く引張力についての記述で，正しいものは次のうちどれか．ただし，荷重 W すべて同じ質量とする．

(1) F_1 に働く引張力は F_2 の2倍である．

(2) F_2 に働く引張力は F_1 の2倍である．

(3) F_1 および F_2 に働く引張力は同じである．

(4) F_2 に働く引張力は荷重 W の半分である．

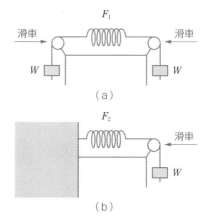

問28

　図は，ばねに重りを吊るした状態のものである．重りを 20 g にすると，ばねの長さは 15 cm になり，重りを 60 g にすると 19 cm になった．ばねの自由長で正しいものは次のうちどれか．

⑴　10 cm
⑵　11 cm
⑶　12 cm
⑷　13 cm

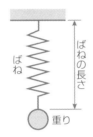

ばね　ばねの長さ　重り

⑦ねじ

問29

　ねじの記号を説明したものの組合せで，誤っているものは次のうちどれか．

⑴　M　―　メートルねじ
⑵　G　―　管用平行ねじ
⑶　R　―　管用テーパーおねじ
⑷　Rc　―　ユニファイ並目ねじ

1-2 電気に関する基礎的知識

電気の基礎

問30

オームの法則についての記述で,誤っているものは次のうちどれか.
(1) 電流が一定のときに電圧を増大すれば,抵抗も増大する.
(2) 電圧が一定のときに抵抗を増大すれば,電流は縮小する.
(3) 抵抗が一定のときに電圧を増大すれば,電流は縮小する.
(4) 抵抗に流れる電流は,加えた電圧に比例し,抵抗に反比例する.

問31

電圧 48 V,電流 6 A の回路で,64 V に電圧を上げたときの,電流の値はいくらか,次のうちから選べ.
(1) 8 A
(2) 10 A
(3) 12 A
(4) 14 A

問32

図のような回路図の電流値は何アンペアになるか,正しいものは次のうちどれか.
(1) 5 A
(2) 8 A
(3) 10 A
(4) 12 A

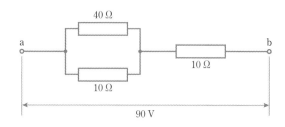

問 33

図の ab 間の合成静電容量値として，正しいものは次のうちどれか．

(1)　1 μF

(2)　2 μF

(3)　3 μF

(4)　4 μF

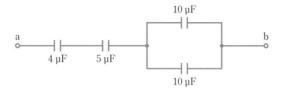

問 34

図はブリッジ回路であるが，AB 間の検流計Ⓖの指針が 0 を示すときの抵抗 R の値で，正しいものは次のうちどれか．

(1)　4 Ω

(2)　6 Ω

(3)　8 Ω

(4)　10 Ω

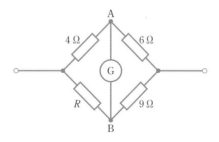

問 35

電線の長さを 8 倍，直径を 2 倍にすると，電線の抵抗は何倍になるか，正しいものは次のうちどれか.

(1) 1.5 倍
(2) 2 倍
(3) 2.5 倍
(4) 3 倍

問 36

抵抗 30 Ω に 5 A の電流が 2 秒間流れた場合に，発生する熱量は何 cal か，正しいものは次のうちどれか.

(1) 360 cal
(2) 480 cal
(3) 600 cal
(4) 720 cal

問 37

1 000 W の空調機に 200 V の電圧を加えたとき，電流は何 A 流れるか，正しいものは次のうちどれか.

(1) 5 A
(2) 10 A
(3) 15 A
(4) 20 A

問 38

電気と磁気についての記述で，誤っているものは次のうちどれか．

(1) コイルの側近または内部で磁石を動かすと，コイル内の磁束の変化に応じて，変化を妨げる方向に起電力を生じる．これを電磁誘導という．この電磁誘導によって発生する起電力を，誘導起電力という．

(2) 導体に電流が流れると，まわりに磁界が生じる．その磁界は，電流が進む方向に右回りに発生する．これを右ねじの法則という．

(3) 磁界内で運動する導体内には誘導起電力が発生する．

(4) 磁界の中で導体に電流を流すと，もとの磁界が変化し，その変化をもとに戻す方向に電流は力を受ける．これを電磁力という．そのときの電流，磁界，力の方向は右手の中指，人差し指，親指を直角方向に開いた状態にたとえられて，フレミングの右手の法則といわれる．

問 39

正弦波交流についての記述で，誤っているものは次のうちどれか．

(1) 正弦波交流の周波数とは1秒間に繰り返される波の数で，単位はHz（ヘルツ）である．

(2) 正弦波交流は，電圧の大きさ，電流の向きが一定の周期で変化するものをいう．

(3) 正弦波交流の平均値は最大値の $\dfrac{3}{\pi}$ である．

(4) 正弦波交流の実効値は最大値の $\dfrac{1}{\sqrt{2}}$ である．

問40

　直流と交流についての記述で，誤っているものは次のうちどれか.

(1)　直流は電流と電圧の向きがいつも同じで変わらない電気のことをいう.

(2)　交流は時間とともに向きと大きさが波のように変わる電気のことをいう.

(3)　電動機は交流用しかない.

(4)　変圧器は直流には使用できない.

問41

　図のように，固定されたコイルに磁石を矢印の方向に動かしたときの現象の説明で誤っているものは次のうちどれか.

(1)　磁石をコイルに近づけていくと検流計の針が振れた.

(2)　磁石をコイルより遠ざけていくと検流計の針が振れた.

(3)　磁石を図の位置で停止したら検流計の振れが止まった.

(4)　磁石をコイルの中に入れて停止したら検流計の針が振れっぱなしになった.

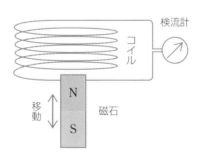

電気材料

問 42

電気抵抗の小さい順に並んでいるものは次のうちどれか.
(1) 銀, 銅, 金, アルミニウム, ニッケル
(2) 銅, 金, 銀, アルミニウム, ニッケル
(3) 金, 銀, アルミニウム, 銅, ニッケル
(4) アルミニウム, 銀, 銅, ニッケル, 金

問 43

誤っているものは次のうちどれか.
(1) 銅は導電材料である.
(2) ダイオードは抵抗材料から製造される素子である.
(3) トランジスタは半導体材料から製造される素子である.
(4) タングステンは接点材料になる.

電気計測

問 44

電気計測についての記述で, 誤っているものは次のうちどれか.
(1) 熱電対温度計とは, ゼーベック効果を利用した温度を測定するものである.
(2) コールラウシュブリッジを用いる測定方法とは, 接地抵抗を測定する方法である.
(3) メガーを用いる測定方法とは, 電圧を測定する方法である.
(4) テスターを用いる測定方法とは, 電流が流れるかを測定する方法である.

問 45

交流では使用できない電気計器は，次のうちどれか．

(1)　整流形
(2)　電流力計形
(3)　可動鉄片形
(4)　可動コイル形

問 46

次の図は指示電気計器の記号と種類の組合せであるが，誤っているものは次のうちどれか．

番号	記号	種類
(1)	 ⊙	誘導形
(2)		静電形
(3)		電流力計形
(4)		可動鉄片形

電気機器

問 47

一次側の巻線の巻数が 100 回で，二次側の巻線の巻数が 5 回の変圧器で二次側の電圧を測定したところ 100 V であった．一次側の電圧で正しいものは次のうちどれか．

(1)　1 000 V
(2)　1 500 V
(3)　2 000 V
(4)　2 500 V

問 48

　三相誘導電動機を始動するのにスターデルタ始動法を用いる理由で，正しいものは次のうちどれか．
(1)　始動電流を少なくするため．
(2)　始動電圧を大きくするため．
(3)　始動後すぐに使用できるようにするため．
(4)　始動トルクを大きくするため．

問 49

　三相誘導電動機で，電圧 200 V，周波数 50 Hz，極数 6 極の場合の回転数で，正しいものは次のうちどれか．ただし，すべりは考慮しないものとする．
(1)　1 000 rpm
(2)　1 200 rpm
(3)　1 400 rpm
(4)　1 600 rpm

問 50

　電池についての記述で，誤っているものは次のうちどれか．
(1)　電池には，一次電池，二次電池および三次電池がある．
(2)　鉛電池とは，鉛と希硫酸を用いた二次電池である．
(3)　アルカリ電池とは，電解液にアルカリ水溶液，陽極に水酸化ニッケル，陰極にカドミウムを用いた二次電池である．
(4)　リチウムイオン電池とは，正極にリチウム酸化物，負極に炭素化合物を用いた二次電池である．

電気設備基準

問51

接地工事についての記述で，誤っているものは次のうちどれか．

(1) A種接地工事とは，高圧用または特別高圧用の機器の外箱または鉄台の接地である．接地抵抗値は 10 Ω 以下，接地線の太さは 2.6 mmφ 以上．

(2) B種接地工事とは，高圧または特別高圧と低圧を結合する変圧器の中性点の接地である．接地抵抗値は「1線地絡電流のアンペア数で 150 を除した値以下」，接地線の太さは 4 mmφ 以上．

(3) C種接地工事は，300 V を超える低圧の機器の外箱または鉄台の接地である．接地抵抗値は 10 Ω 以下，接地線の太さは 1.6 mmφ 以上．

(4) D種接地工事は，300 V 以下の機器の外箱または鉄台の接地である．接地抵抗値は 50 Ω 以下，接地線の太さは 1.6 mmφ 以上．

note

解 答

1-1 機械に関する基礎的知識

水理

①流体の性質

問1 (3)

① 温度次第で，固体，液体，気体になる．
② 4℃のときが最も密度が高くなる．
③ 比熱が小さい．
④ 1気圧，20℃のときは液体である．

(3)が誤り．

水は比熱が大きい．比熱とは，物質1g当たりの温度を1℃上げるのに必要な熱量のことである．水が0℃のときの比熱は，4.217である．鉄が0℃のときの比熱は0.435，木材が20℃のときの比熱は1.25．

問2 (2)

① 比重とは，各物質の同体積の質量の比である．
② 比重の数値が1とは，水の0℃の質量を基準としている．
③ 密度とは，物質の単位体積当たりの質量である．
④ 密度1000kg/m³とは，体積1m³の質量が1000kgの物質をいう．

(2)が誤り．
比重の数値が1とは，水の4℃の質量を基準としている．

問3　(3)

ボイル・シャルルの法則を用いて計算する．

$$\frac{P_1 V_1}{T_1} = \frac{P_2 V_2}{T_2} = 一定$$

数値を代入すると（容器の内容積は，$V_1 = V_2$ なので V とする．）

$$\frac{10 \times V}{273 + 7} = \frac{11 \times V}{273 + T}$$

$$\frac{10 \times V}{280} = \frac{11 \times V}{273 + T}$$

$$\frac{V}{28} = \frac{11 \times V}{273 + T}$$

$$V \times (273 + T) = 28 \times 11 \times V$$

$$273 + T = 308$$

$$T = 308 - 273 = 35$$

ゆえに，気温は 35 ℃となる．

②静水力学

問4　(1)

①　ゲージ圧力とは，圧力計に表示される圧力に絶対圧力を減じた圧力値である．
②　絶対圧力とは，完全真空を 0 とした場合の圧力値である．
③　ゲージ圧力とは，大気圧を 0 とした場合の圧力値である．
④　圧力計に表示される圧力は，大気圧を表示している．

(1)が誤り．
ゲージ圧力とは，圧力計に表示される圧力である．

問5 (4)

① 1気圧を水柱の高さにすると，10.33 m（水温4℃のとき）となる．

② 1気圧を水銀柱の高さにすると，760 mm（水銀温0℃のとき）となる．

③ 1気圧を圧力（単位 kg/cm^2）で表すと，1.033 kg/cm^2 となる．

✗ 1気圧を圧力（単位 kPa）で表すと，103.3 kPa となる．

(4)が誤り．

1気圧は水銀柱760 mm が底面に及ぼす圧力に等しいと定められているので，圧力単位 Pa で表すと下記となる．

$$760 \text{ mm} \times 13.595 \text{ g/cm}^3 \text{（水銀の密度）} \times 9.8 \text{ m/s}^2 \text{（標準重力加速度）}$$
$$≒ 101\,256 \text{ Pa} ≒ 101.3 \text{ kPa}$$

ゆえに，101.3 kPa となる．

問6 (1)

① $D_1 = 3$ cm, $D_2 = 6$ cm
❌ $D_1 = 4$ cm, $D_2 = 12$ cm
❌ $D_1 = 5$ cm, $D_2 = 20$ cm
❌ $D_1 = 6$ cm, $D_2 = 30$ cm

(1)が正しい.

この問題はパスカルの原理を利用する. パスカルの原理によれば,

$$\frac{F_2}{F_1} = \frac{S_2}{S_1}$$

この断面積につり合う力と考え, 力を質量に置き換えると, 下記の式が考えられる.

$$\frac{W_2}{W_1} = \frac{S_2}{S_1} \cdots (1)$$

ゆえに, この(1)式にて答を求める.

W_1 と W_2 に数値を代入すると

$$\frac{20}{5} = \frac{S_2}{S_1} \cdots (2)$$

$$S_1 : W_1 \text{ のピストンの断面積} = \frac{D_1^2 \pi}{4}$$

$$S_2 : W_2 \text{ のピストンの断面積} = \frac{D_2^2 \pi}{4}$$

(2)式に S_1, S_2 を代入すると

$$\frac{4}{1} = \frac{\dfrac{D_2^2 \pi}{4}}{\dfrac{D_1^2 \pi}{4}} \rightarrow \frac{4}{1} = \frac{D_2^2}{D_1^2}$$

$$D_1^2 : D_2^2 = 1 : 4$$
$$D_1 : D_2 = 1 : 2$$

ゆえに, D_2 の直径は D_1 の 2 倍となる.

問7 (4)

① 温度が一定のもとでは気体の体積は圧力に反比例して増減する．これをボイルの法則という．

② 一定の圧力のもとでは，一定量の気体の体積は絶対温度に比例して増減する．これをシャルルの法則という．

③ 一定量の気体の体積は，圧力に反比例し，絶対温度に比例して増減する．これをボイル・シャルルの法則という．

④ 密閉された容器内の液体に圧力を加えると，圧力は増減なく，全体に伝わる．これをアルキメデスの原理という．

(4)が誤り．
　密閉された容器内の液体に圧力を加えると，圧力は増減なく，全体に伝わる．これをパスカルの原理という．

③動水力学

問8 (4)

① 配管内を流れる流体は，管径が変わっても入口と出口の流量は同じである．これを連続の定理という．

② 配管の管径，高さが違っても，その配管の中を流れる流体のエネルギーは一定である．これをベルヌーイの定理という．

③ トリチェリの定理とは，液体を入れた容器の壁に小さな穴をあけたとき，その穴から流出する液体の速度に関する法則である．

④ 配管内の流体の流れは，粘性，流れの乱れ（乱流）等により，エネルギーを損失する．これを摩擦損失という．この摩擦損失は管の長さおよび流速に比例し，管径に反比例する．

(4)が誤り．
　配管内の流体の流れは，粘性，流れの乱れ（乱流）等により，エネルギーを損失する．これを摩擦損失という．この摩擦損失は管の長さおよび流速の二乗に比例し，管径に反比例する．

④ポンプ

問9 (1)

① ウォーター・ハンマーとは，弁をゆっくり開いたときに起きやすい．
② ウォーター・ハンマーとは，弁を急閉したときに起きやすい．
③ キャビテーションとは，弁を急開したときに起きやすい．
④ サージングとは，流量を絞って小流量にしたときに起きやすい．

(1)が誤り．
ウォーター・ハンマーとは，弁を急開，急閉したときに起きやすい．

問10 (3)

ポンプの軸動力は次の式より求める．

$$P = \frac{0.163 \times Q \times H \times K}{\eta}$$

P：ポンプの軸動力 = kW
H：全揚程 = 80 m
Q：吐出量 = 1 000 L/min = 1 m³/min
K：伝達係数 = 1.1
η：ポンプ効率 = 0.8

$P = 0.163 \times 80 \times 1 \times 1.1 \div 0.8 = 17.93 ≒ 18$

ゆえに，18 kW

応用力学

①力

問11 **(1)**

✕ 力を表現するには，力の大きさ，種類，方向が必要である．これを力の三要素という．

② 二つの力は一つに合成できるし，一つの力を二つに分解できる．

③ 物体の回転に対する作用をモーメントという．

④ 1点に多くの力が働いて，合力，モーメントがゼロであるとき，それらの力はつり合っているという．

(1)が誤り．

力を表現するには，力の大きさ，作用点，方向が必要である．これを力の三要素という．

問12 **(3)**

回転軸に作用する力のモーメントを等しいものとして次の式より求める．

（A点の力）×（回転軸からA点までの距離）＝（B点の力）×
（回転軸からB点までの距離）

（A点の力）× 20 cm ＝ 10 N × 50 cm

（A点の力）＝ 10 N × 50 cm ÷ 20 cm ＝ 25 N

ゆえに，25 Nとなる．

問13 **(2)**

平行力のつり合いの式より求める．

W（支点Oにかかる荷重）＝ 55 kg（A点にかかる荷重）＋
25 kg（B点にかかる荷重）＝ 80 kg

L（A点からの距離）＝ $\dfrac{160 \text{ cm（天秤棒の全長）} \times 25 \text{ kg（B点にかかる荷重）}}{80 \text{ kg（支点Oにかかる荷重）}}$

＝ 50 cm

ゆえに，A点からの距離は 50 cm となる．

②運動

問14 (4)

① 単位時間における物体の変位を速度といい，単位時間における速度の変化を加速度という．

② ニュートンの運動の法則とは，慣性の法則，運動の法則，作用・反作用の法則である．

③ 円運動は，時間当たりの角度変化を角速度，円周上の速さを周速度という．

④ 物体の質量と速度の積を運動量保存の法則という．

(4)が誤り．

物体の質量と速度の積を運動量という．

運動量保存の法則とは，「物体の運動量は，二つの物体の間に働く力が作用，反作用の関係にあるとき，二つの物体の運動量の和は変わらない」ことをいう．

③仕事

問15 (2)

仕事率（動力）は次の式より求める．

$$P = \frac{Q}{t} = \frac{Fs}{t} = Fv$$

P：仕事率（動力）[W]

Q：仕事 $= F \times s$ [J]

F：力 [N] $= 100\,\text{kg} \times 9.8\,\text{m/s}^2 = 980\,\text{N}$

s：物体を移動した距離 $= 40\,\text{m}$

v：速度 [m/s]

t：時間 $= 20$ 秒

$P = 980 \times 40 \div 20 = 1\,960$

ゆえに，1 960 W となる．

問16 (4)

動滑車が2個であるので下記の式にて必要な力を求める.

$$F = W/2^n \times 9.8 = 10\,000/2^2 \times 9.8 = 24\,500\,\text{N} = 24.5\,\text{kN}$$

F：力〔N〕

W：荷重 = 10 t = 10 000 kg

n：動滑車の数 = 2個

ゆえに，必要な力は24.5 kNとなる.

荷重と応力

①荷重の種類

問17 (4)

①　引張荷重とは，材料を引き延ばすように働く荷重である.

②　圧縮荷重とは，材料を縮めるように働く荷重である.

③　曲げ荷重とは，材料を曲げるように働く荷重である.

④　ねじり荷重とは，材料を挟み切るように働く荷重である.

(4)が誤り.

ねじり荷重とは，材料をねじるように働く荷重である.

②摩擦

問18 (2)

物体が動き始めるときの押す力 F は摩擦力 f より大きくなれば物体は動く.

$F \geqq f$

ゆえに,摩擦力は次の式により求められる.

$F = \mu R$

　F:押す力〔N〕

　μ:摩擦係数 = 0.2

　R:垂直抗力 = $W \times 9.8 = 980\,N$

$F = 0.2 \times 980 = 196$

ゆえに,196 N となる.

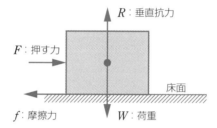

③応力

問19 (3)

応力とは単位面積当たりの内力をいい,単位は Pa(パスカル)が使われる.

　応力 = 荷重 ÷ 断面積

　　$1\,Pa = 1\,N/m^2$

　　$1\,MPa = 1\,N/mm^2$,　$1\,MPa = 10^6\,Pa$

ゆえに,

$$\text{丸棒の断面積} = \pi \times \frac{(0.02\,m)^2}{4} = 3.14 \times \frac{0.000\,4\,m^2}{4}$$

$$= 0.000\,314\,m^2$$

応力 $= 6\,280\,kg \times 9.8 \div 0.000\,314\,m^2 = 196 \times 10^6\,Pa = 196\,MPa$

問20 (1)

① 比例限度
☒ 弾性限度
☒ 降伏点
☒ 極限強さ

(1)が正しい.
A点は，比例限度で応力とひずみが比例する限界点.

問21 (1)

☒ 弾性限度内では，応力とひずみは正比例する．これをフックの法則という.
② 縦ひずみと横ひずみの比をポアソン比という.
③ 軸方向の応力と縦ひずみの比をヤング率という.
④ 材料に長時間応力を加え続けると，ひずみが増大する現象をクリープという.

(1)が誤り.
比例限度内では，応力とひずみは正比例する．これをフックの法則という.

機械材料

①機械材料の特性

問22 (3)

❌ 高温に加熱し急冷すると硬く，強くなる．

❌ 焼き入れ後に再加熱し，徐々に冷却すると粘りが与えられ，硬さが調整される．

③ 適当な温度に加熱し，徐々に冷却すると，やわらかくなり，組織が均一化する．

❌ 高温で再加熱し，空冷することで，粘り強さが増し，より安定した組織となる．

(3)が正しい．
(1)は焼き入れ，(2)は焼きもどし，(4)は焼きならし．

②鉄鋼材料

問23 (1)

❌ 鉄に少量の炭素（2.5 ～ 4.0 %）が合金されたものを炭素鋼という．

② 炭素鋼にほかの元素を1種類以上加えたものを合金鋼という．特殊鋼ともいう．強度や耐食性に優れている．

③ 炭素，ケイ素を少量含む鉄を鋳造したものを鋳鉄という．耐摩耗性，圧縮性に優れるが，衝撃に弱い．

④ 鋼を鋳造したものを鋳鋼という．鋳鉄より強度，耐摩耗性，靭性などが優れている．

(1)が誤り．
鉄に少量の炭素（0.02 ～ 2 %）が合金されたものを炭素鋼という．

③非鉄金属材料

問24　(4)

① 「銅および銅合金」は、電気，熱の伝導度が高く，耐食性，展延性に優れている．黄銅は，銅と亜鉛系の合金で真ちゅうともいわれる．青銅は，銅とすず系の合金で砲金ともいわれる．

② 「ニッケルおよびニッケル合金」は，安定した金属で，電気抵抗が高く，耐食性に優れている．

③ 「アルミニウム・アルミニウム合金」は，比重が軽く，電気や熱の伝導度が高い．

✘ 「はんだ」は，すずと銅の合金である．

⑷が誤り．
「はんだ」は，すずと鉛の合金である．

④溶接

問25　(4)

① ガス溶接とは，可燃性ガスを燃焼させて溶接部を加熱し，溶着金属を使用して溶融接続をする．溶接速度は関係なく，アーク光がないのが特徴である．

② 被覆アーク溶接とは，溶接棒を電極として，溶接する金属との間にアークを発生させる溶接方法で，風に強いのが特徴である．

③ ティグ溶接とは，電気を用いた溶接方法の一種で，電極棒に消耗しないタングステンの材料を使用して，別の溶接棒をアークで溶融する方法で，非鉄金属等の溶接に使用される．

✘ スポット溶接とは，板金を両側から円盤状の電極で押さえながら電気を流して，その電気抵抗熱で板金を溶かし，線状に接合する．

⑷が誤り．
⑷はシーム溶接の説明文である．
スポット溶接とは，二枚の金属板を重ね合わせ，これを丸棒状の電極で加圧しながら電気を流して，その電気抵抗熱により板金を局所的に溶かし，点状に接合する．

⑤機械材料の試験

問26 (1)

❌ スポット硬さ試験
② ロックウェル硬さ試験
③ ビッカース硬さ試験
④ ショア硬さ試験

(1)が誤り.
機械材料の硬さ試験の方法の名称には『スポット硬さ試験』はない.

⑥ばね

問27 (3)

❌ F_1 に働く引張力は F_2 の2倍である.
❌ F_2 に働く引張力は F_1 の2倍である.
③ F_1 および F_2 に働く引張力は同じである.
❌ F_2 に働く引張力は荷重 W の半分である.

(3)が正しい.
F_1 および F_2 に働く引張力は同じである. F_1 に働く引張力は,同じ質量の荷重 W が引き合っているので,荷重 W 1個分の引張力である.

F_2 に働く引張力は,片方が固定されていて,もう一方が荷重 W により引っ張られているので,荷重 W 1個分の引張力である.

問28 (4)

ばねに20gの重りを吊るした場合,ばねの長さは15cmで,60gの場合,19cmだから,40g差で4cm伸びたことになる. ゆえに,10g当たり1cm伸びることになるので,20g吊るした場合は,重りを取り除けば15cm－2cm = 13cmとなる.

ゆえに,自由長は13cmである.

⑦ねじ

問29 （4）

① M ― メートルねじ
② G ― 管用平行ねじ
③ R ― 管用テーパーおねじ
④ Rc ― ユニファイ並目ねじ

(4)が誤り．
Rc は管用テーパーめねじである．

1-2 電気に関する基礎的知識

電気の基礎

問30 (3)

① 電流が一定のときに電圧を増大すれば，抵抗も増大する．
② 電圧が一定のときに抵抗を増大すれば，電流は縮小する．
③ 抵抗が一定のときに電圧を増大すれば，電流は縮小する．
④ 抵抗に流れる電流は，加えた電圧に比例し，抵抗に反比例する．

(3)が誤り．

抵抗が一定のときに電圧を増大すれば，電流は増大する．

オームの法則より，抵抗に流れる電流 I は，加えた電圧 V に比例し，抵抗 R に反比例する．$I = V/R$ の式で表される．

問31 (1)

まずは，回路の電圧（V）48 V，電流（I）6 A のときの抵抗値（R）を求める．
オームの法則の式 $R = V/I$ より

$R = 48\,V \div 6\,A = 8\,\Omega$

この回路で，電圧（V_1）を 64 V にすると
オームの法則の式 $I = V_1/R$ より

$I = 64\,V \div 8\,\Omega = 8\,A$

ゆえに，8 A となる．

問 32 (1)

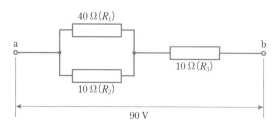

まずは，並列接続の R_1，R_2 の合成抵抗値を次の式より求める．

$$\frac{1}{R'} = \frac{1}{R_1} + \frac{1}{R_2} = \frac{1}{40\,\Omega} + \frac{1}{10\,\Omega} = \frac{5}{40\,\Omega} = \frac{1}{8\,\Omega}$$

$R' = 8\,\Omega$

次に，直列接続の合成抵抗値を求める．

$$R = R' + R_3 = 8\,\Omega + 10\,\Omega = 18\,\Omega$$

ゆえに，合成抵抗の値は $18\,\Omega$ となる．

次に，オームの法則の式 $I = V/R$ より電流値を求める．

$$I = 90\,\text{V} \div 18\,\Omega = 5\,\text{A}$$

ゆえに，5 A となる．

問 33 (2)

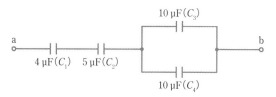

まずは，並列接続の C_3，C_4 の合成静電容量値を次の式より求める．

$$C' = C_3 + C_4 = 10\,\mu\text{F} + 10\,\mu\text{F} = 20\,\mu\text{F}$$

次に，全体の合成静電容量値を次の式より求める．

$$\frac{1}{C} = \frac{1}{C_1} + \frac{1}{C_2} + \frac{1}{C'} = \frac{1}{4} + \frac{1}{5} + \frac{1}{20} = \frac{5}{20} + \frac{4}{20} + \frac{1}{20} = \frac{10}{20} = \frac{1}{2}$$

$C = 2\,\mu\text{F}$

ゆえに，合成静電容量値は $2\,\mu\text{F}$ となる．

問 34 (2)

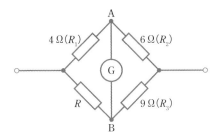

この回路は，下記の式のもとでは AB 間の検流計 Ⓖ には電流が流れなくなる.

$R \times R_2 = R_1 \times R_3$

$R \times 6 = 4 \times 9$

$R = 36 \div 6 = 6$

ゆえに，R は 6 Ω となる.

問 35 (2)

導体の抵抗は，$R = \rho \dfrac{l}{A}$ の式で表される. R は導体の抵抗，ρ は抵抗率，l は導体の長さ，A は導体の断面積とする.

導体の長さ l は 8 倍，断面積は直径 D が 2 倍となるので $A = \dfrac{\pi D^2}{4}$ から $A' = \dfrac{\pi (2D)^2}{4}$ となり，断面積は 4 倍となる.

ゆえに，前記の式に数値を代入すると，$R' = \rho \dfrac{8}{4} = 2\rho$ となり，2 倍となる.

問 36 (1)

ジュールの法則の，$H = 0.24\,I^2Rt$ を求める. H は熱量〔cal〕，I は電流〔A〕，R は抵抗〔Ω〕，t は時間〔秒〕とする.

$H = 0.24 \times 5^2 \times 30 \times 2 = 360\,\text{cal}$

ゆえに，360 cal となる.

問37 (1)

電力を求める式，$P = VI$ にて求める．P は電力 [W]，V は電圧 [V]，I は電流 [A]

とする．前記の式を変換すると，$I = \dfrac{P}{V} = \dfrac{1\,000}{200} = 5\,\mathrm{A}$

ゆえに，5 A となる．

問38 (4)

① コイルの側近または内部で磁石を動かすと，コイル内の磁束の変化に応じて，変化を妨げる方向に起電力を生じる．これを電磁誘導という．この電磁誘導によって発生する起電力を，誘導起電力という．

② 導体に電流が流れると，まわりに磁界が生じる．その磁界は，電流が進む方向に右回りに発生する．これを右ねじの法則という．

③ 磁界内で運動する導体内には誘導起電力が発生する．

④ 磁界の中で導体に電流を流すと，もとの磁界が変化し，その変化をもとに戻す方向に電流は力を受ける．これを電磁力という．そのときの電流，磁界，力の方向は右手の中指，人差し指，親指を直角方向に開いた状態にたとえられて，フレミングの右手の法則といわれる．

(4)が誤り．

磁界の中で導体に電流を流すと，もとの磁界が変化し，その変化をもとに戻す方向に電流は力を受ける．これを電磁力という．そのときの電流，磁界，力の方向は左手の中指，人差し指，親指を直角方向に開いた状態にたとえられて，フレミングの左手の法則といわれる．

問 39 (3)

① 正弦波交流の周波数とは1秒間に繰り返される波の数で, 単位は Hz (ヘルツ) である.

② 正弦波交流は, 電圧の大きさ, 電流の向きが一定の周期で変化するものをいう.

③ 正弦波交流の平均値は最大値の $\dfrac{3}{\pi}$ である.

④ 正弦波交流の実効値は最大値の $\dfrac{1}{\sqrt{2}}$ である.

(3)が誤り.

正弦波交流の平均値は最大値の $\dfrac{2}{\pi}$ である.

問 40 (3)

① 直流は電流と電圧の向きがいつも同じで変わらない電気のことをいう.

② 交流は時間とともに向きと大きさが波のように変わる電気のことをいう.

③ 電動機は交流用しかない.

④ 変圧器は直流には使用できない.

(3)が誤り.
電動機は直流用もある.

問 41 (4)

① 磁石をコイルに近づけていくと検流計の針が振れた.

② 磁石をコイルより遠ざけていくと検流計の針が振れた.

③ 磁石を図の位置で停止したら検流計の振れが止まった.

④ 磁石をコイルの中に入れて停止したら検流計の針が振れっぱなしになった.

(4)が誤り.
磁石をコイルの中に入れて停止したら検流計の針は振れない (動かさないと発電しない).

電気材料

問 42 (1)

① 銀，銅，金，アルミニウム，ニッケル
✗ 銅，金，銀，アルミニウム，ニッケル
✗ 金，銀，アルミニウム，銅，ニッケル
✗ アルミニウム，銀，銅，ニッケル，金

(1)が正しい．
各導体の抵抗率は表のとおり．

導体名	抵抗率 $(\Omega \cdot m)$	導体名	抵抗率 $(\Omega \cdot m)$
銀	1.59×10^{-8}	ニッケル	6.99×10^{-8}
銅	1.68×10^{-8}	鉄	10.0×10^{-8}
金	2.21×10^{-8}	白　金	10.4×10^{-8}
アルミニウム	2.65×10^{-8}	す　ず	10.9×10^{-8}
モリブデン	5.0×10^{-8}	鉛	20.8×10^{-8}
亜　鉛	6.02×10^{-8}	水　銀	96.2×10^{-8}

問 43 (2)

① 銅は導電材料である．
✗ ダイオードは抵抗材料から製造される素子である．
③ トランジスタは半導体材料から製造される素子である．
④ タングステンは接点材料になる．

(2)が誤り．
　抵抗材料は，金属材料としては，銅，鉄，ニッケルを主成分としたものがあり，ニクロム（ニクロム線）などがある．ダイオードは半導体材料から製造される素子である．

電気計測

問 44 (3)

① 熱電対温度計とは，ゼーベック効果を利用した温度を測定するものである．
② コールラウシュブリッジを用いる測定方法とは，接地抵抗を測定する方法である．
✗ メガーを用いる測定方法とは，電圧を測定する方法である．
④ テスターを用いる測定方法とは，電流が流れるかを測定する方法である．

(3)が誤り．
　メガーを用いる測定方法とは，絶縁抵抗を測定する方法である．電圧を測定する方法は，電圧計などがある．

問 45 (4)

① 整流形
② 電流力計形
③ 可動鉄片形
✗ 可動コイル形

(4)は交流では使用できない電気機器である．

問 46 (3)

番号	記号	種類
①		誘導形
②		静電形
✗		電流力計形
④		可動鉄片形

(3)が誤り．
(3)の記号は，可動コイル形である．

電気機器

問 47 (3)

変圧比は次の式より求める.

$$\alpha = \frac{V_1}{V_2} = \frac{N_1}{N_2} = \frac{I_2}{I_1}$$

α：変圧比

V_1：一次側電圧〔V〕

V_2：二次側電圧 = 100 V

N_1：一次側巻線数 = 100 回

N_2：二次側巻線数 = 5 回

I_1：一次側電流〔A〕

I_2：二次側電流〔A〕

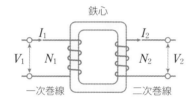

鉄心

I_1　I_2

V_1　N_1　N_2　V_2

一次巻線　　二次巻線

上記式に数値を代入すると

$$\frac{V_1}{V_2} = \frac{N_1}{N_2} \quad \frac{V_1}{100} = \frac{100}{5} \quad V_1 = 2\,000$$

ゆえに，一次側の電圧は，2 000 V となる.

問 48 (1)

① 始動電流を少なくするため.
② 始動電圧を大きくするため.
③ 始動後すぐに使用できるようにするため.
④ 始動トルクを大きくするため.

(1)が正しい.
誘導電動機は始動電流が大きく,始動トルクが小さいのでこれを補う方法の一つとしてスターデルタ始動法がある.

問 49 (1)

三相誘導電動機の回転子の回転する回転速度を同期速度といい,次の式より求める.

$$N_\text{s} = \frac{120\,f}{P} \text{ [rpm]}$$

N_s:同期速度
f:周波数 = 50 Hz
P:極数 = 6 極

$$N_\text{s} = \frac{120 \times 50}{6} = 1\,000$$

ゆえに,1 000 rpm となる.

問 50 (1)

① 電池には,一次電池,二次電池および三次電池がある.
② 鉛電池とは,鉛と希硫酸を用いた二次電池である.
③ アルカリ電池とは,電解液にアルカリ水溶液,陽極に水酸化ニッケル,陰極にカドミウムを用いた二次電池である.
④ リチウムイオン電池とは,正極にリチウム酸化物,負極に炭素化合物を用いた二次電池である.

(1)が誤り.
一次電池とは,一度完全に放電したら使用できないもので,二次電池とは,放電しても充電すれば再度使用できるものをいう.三次電池はない.

電気設備基準

問51 (4)

① A種接地工事とは，高圧用または特別高圧用の機器の外箱または鉄台の接地である．接地抵抗値は 10 Ω 以下，接地線の太さは 2.6 mmφ 以上．

② B種接地工事とは，高圧または特別高圧と低圧を結合する変圧器の中性点の接地である．接地抵抗値は「1 線地絡電流のアンペア数で 150 を除した値以下」，接地線の太さは 4 mmφ 以上．

③ C種接地工事は，300 V を超える低圧の機器の外箱または鉄台の接地である．接地抵抗値は 10 Ω 以下，接地線の太さは 1.6 mmφ 以上．

④ D種接地工事は，300 V 以下の機器の外箱または鉄台の接地である．接地抵抗値は 50 Ω 以下，接地線の太さは 1.6 mmφ 以上．

(4)が誤り．

D種接地工事は，300 V 以下の機器の外箱または鉄台の接地である．接地抵抗値は 100 Ω 以下，接地線の太さは 1.6 mmφ 以上．

2 消防用設備等の構造, 機能 及び工事または整備

2章のおさらい

この章は,「要点ガッチリ」消防設備士第2類の2章の消防用設備等の構造,機能及び工事または整備のおさらいである.

消防設備士第2類の範囲は狭いので,問題はかなり細かいところが出るので注意を要する.

この章の問題を解くときに,理解できないところがあれば,このおさらいページを参考にしてほしい.

2章の確認 (1) 泡消火設備の構造・機能

●泡消火設備の構成

□人口水利の水源の種類 ― 地下 水槽, 地上 水槽, 高架 水槽

□加圧送水装置の種類

高架水槽 を用いる方式

圧力水槽 を用いる方式

ポンプ を用いる方式

□ポンプ

ポンプの能力は, 全揚程 と 吐出量 で表される.

締切全揚程は,定格吐出量のときの全揚程の 140 %以下であること.

吐出量が定格吐出量の150%のときの全揚程は 65 %以上であること.

□摩擦損失とは,配管内を液体が流れる場合に配管の内壁と流体間の摩擦によって流体の圧力が減じることであり, 液体 の粘度が高いほど, 流速 が早いほど, 管径 が小さいほど大きくなる.

●電動機

□電動機の始動方式

直入れ始動法, スターデルタ 始動法,クローズドスターデルタ始動法

リアクトル始動法,コンドルファ始動法,二次抵抗始動法

□電動機の軸動力

電動機の軸動力は次の式より算出する.

$$P = \frac{0.163 \times Q \times H \times K}{\eta}$$

P：電動機の軸動力［kW］

Q：ポンプの吐出量［m³/min］

H：ポンプの全揚程［m］

K：伝達係数

η：ポンプ効率［％］

□起動装置

自動起動装置

手動起動装置

□呼水装置

呼水装置とは，水源がポンプより 低い 位置にある場合に，ポンプのケーシング内と吸水管に水を充満させるためのものである.

主な構成機器は次のとおり.

呼水槽 ， 減水警報装置 ， 補給水管 ， 呼水管 ， 逃し配管 ， 溢水用排水管

□フート弁

フート弁とはポンプの吸水管の先端の吸い込み口に設けられるもので，ポンプを停止した場合の 水落ち を防ぐものである.

□性能試験装置

ポンプ性能試験装置とは，ポンプの全揚程及び吐出量を確認するための試験装置である.

●非常電源と配線

□非常電源

非常電源とは，常用電源が停電したときに消防用設備等が正常に作動

するように設置する電源で 非常電源専用受電設備 , 自家発電設備 ,
蓄電池設備 , 燃料電池設備 がある.

□配線

泡消火設備の配線は耐火配線または耐熱配線にしなければならない.

□泡消火薬剤混合装置

泡消火薬剤混合装置とは,水の流量に対して一定の比率で泡消火薬剤を混
合させるもので, プレッシャー・プロポーショナー 方式,
プレッシャー・サイド・プロポーショナー 方式,
ポンプ・プロポーショナー 方式,
ライン・プロポーショナー 方式がある.

□自動警報装置

自動警報装置とは,スプリンクラーヘッドの開放または補助散水栓の開閉
弁の開放により警報を発するものである.
自動警報装置には 流水検知 装置が使用されている.
流水検知装置とは,本体内の流水現象を自動的に検知して,信号または警
報を発する装置をいい, 湿 式流水検知装置, 乾 式流水
検知装置及び 予作動 式流水検知装置がある.
湿式流水検知装置には 自動警報弁 型, 作動弁 型及び パドル 型
がある.

□一斉開放弁

一斉開放弁は,開放型スプリンクラー設備,水噴霧消火設備,泡消火設備
の配管途中に設けられている弁で,消火に必要な区域のすべての放出口に
送水する制御弁として用いられる.
一斉開放弁は常時閉止された状態にあり,開放の方式により, 加圧
開放型及び 減圧 開放型がある.

●配管等

□配管

使用する配管は鋼管と合成樹脂製の管がある.

鋼管には次の種類がある.

| 水配管用亜鉛めっき鋼管 |（JIS G 3442，SGPW）

| 一般配管用ステンレス鋼管 |（JIS G 3448）

| 配管用炭素鋼鋼管 |（JIS G 3452，SGP）

ガス管ともいわれ，使用例が多い.

| 圧力配管用炭素鋼鋼管 |（JIS G 3454，STPG）

| 配管用ステンレス鋼管 |（JIS G 3459）

□配管の接続方法

配管の接続方法は，| ねじ込み |接続，| フランジ |接続及び| 溶接 |接続がある.

□管継手

金属製の管継手は，| ねじ込み |式と| 溶接 |式があり，種類は主に次のものがある.

| フランジ |，| エルボ |，| チーズ |，| ユニオン |，| レジューサー |，| ソケット |，| ブッシング |，| キャップ |

□バルブ類

バルブ類には，| ねじ込み |式と| フランジ |式があり，種類は，主に次のものがある.

| 仕切 |弁，| 玉形 |弁，| ボール |弁，| バタフライ |弁，| 逆止 |弁，| アングル |弁

P.94 参照

② 2章の確認 (2) 泡消火設備の基準

● 泡消火設備に関する基準

□ 膨張比による泡の種別

低発泡と高発泡があり，膨張比が低発泡は 20 倍以下，高発泡は

 80 倍以上 1 000 倍未満である．

$$膨張比 = \frac{発生した泡の体積}{泡を発生するのに要する泡水溶液の体積}$$

● 固定式の泡放出口の設置基準

□ 泡放出口

泡放出口には， フォーム・ウォーター・スプリンクラーヘッド ，

 フォームヘッド および 高発泡用泡放出口 がある．

設置基準は，フォーム・ウォーター・スプリンクラーヘッドは床面積

 8 m² に 1 個以上，フォームヘッドは床面積 9 m² に 1

個以上である．

□ 泡ヘッドの設置基準

表 2.1

防火対象物またはその部分	泡ヘッドの種別
令別表第 1 (13)項ロに掲げる防火対象物または防火対象物の屋上部分で，回転翼航空機もしくは垂直離着陸航空機の発着の用に供されるもの	フォーム・ウォーター・スプリンクラーヘッド
道路の用に供される部分，自動車の修理もしくは整備の用に供される部分または駐車の用に供される部分	フォームヘッド
指定可燃物を貯蔵し，または取り扱う防火対象物またはその部分	フォーム・ウォーター・スプリンクラーヘッド または フォームヘッド

●移動式の泡消火設備の設置基準

□一般の防火対象物

防護対象物の各部分から1のホース接続口までの水平距離が ⎡ 15 ⎤ m以下となるように設けること.

□製造所等

屋内に設ける移動式の泡消火設備は,製造所等の建築物の階ごとに,その階の各部分から1のホース接続口までの水平距離が ⎡ 25 ⎤ m以下となるように設けること.この場合において,屋内消火栓は,各階の ⎡ 出入口付近 ⎤ に1個以上設けなければならない.

屋外に設ける移動式の泡消火設備は,防護対象物の各部分(建築物の場合にあっては,当該建築物の1階および2階の部分に限る)から1のホース接続口までの水平距離が ⎡ 40 ⎤ m以下となるように設けること.この場合において,その設置個数が1であるときは ⎡ 2 ⎤ としなければならない.

□放射量

表2.2

泡放出口の種別	防火対象物またはその部分	泡消火薬剤の種別	床面積1m² 当たりの放射量
フォームヘッド	道路の用に供される部分,自動車の修理もしくは整備の用に供される部分または駐車の用に供される部分	たん白泡消火薬剤	6.5 L/min
		合成界面活性剤泡消火薬剤	8.0 L/min
		水成膜泡消火薬剤	3.7 L/min
	指定可燃物を貯蔵し,または取り扱う防火対象物またはその部分 注.製造所等はここに含む	たん白泡消火薬剤	6.5 L/min
		合成界面活性剤泡消火薬剤	6.5 L/min
		水成膜泡消火薬剤	6.5 L/min

□水源の水量

固定式

表2.3

泡放出口の種別	設置場所	ヘッドの個数（n個とする）	水源の水量
フォーム・ウォーター・スプリンクラーヘッド	令別表第1(13)項ロに掲げる防火対象物又は防火対象物の屋上部分で回転翼航空機若しくは垂直離着陸航空機の発着の用に供されるもの	床面積または屋上部分の面積の1/3以上の部分に設けられたすべての泡ヘッド	75 L/min × n × 10 分間
	指定可燃物を貯蔵し，又は取り扱う防火対象物又はその部分	床面積 50 m² の部分に設けられたすべての泡ヘッド	
フォームヘッド	道路の用に供される部分	床面積 80 m² の区域に設けられたすべての泡ヘッド	設置された泡ヘッドの設計放射量 × n × 10 分間
	駐車の用に供される部分	不燃材料でつくられた壁又は天井面より0.4 m以上突き出したはり等により区画された部分の床面積が最大となる区域（天井部分に突き出したはり等のない場合にあっては床面積50 m²の区域）に設けられたすべての泡ヘッド	
	その他の防火対象物又はその部分	床面積が最大となる放射区域に設けられるすべての泡ヘッド	

移動式

□一般の防火対象物

　移動式の泡消火設備は，　2　個（ホース接続口が　1　個の場合は　1　個）のノズルを同時に使用した場合に，道路の用に供される部分，自動車の修理もしくは整備の用に供される部分または駐車の用に供される部分に設けられるものにあっては，泡水溶液がノ

ズル　1　個当たり　100　L/min，その他の防火対象物またはその部分に設けられるものにあっては泡水溶液がノズル1個当たり　200　L/min の放射量で　15　分間放射することができる量．

□製造所等

屋内に設ける移動式の泡消火設備は，いずれの階においても，当該階のすべて（当該階の設置個数が　4　個を超えるときは，　4　個）の泡消火栓を同時に使用した場合に，それぞれのノズルの先端において，放射圧力が　0.35　MPa 以上で，かつ，放射量が　200　L/min 以上で　30　分間放射することができる量であること．

屋外に設ける移動式の泡消火設備は，　4　個の泡消火栓（設置個数が　4　個未満のときは，その個数）を同時に使用した場合に，それぞれのノズルの先端において，放射圧力が　0.35　MPa 以上で，かつ，放射量が　400　L/min 以上で　30　分間放射することができる量であること．

補助泡消火栓は，　3　個（ホース接続口が　3　個未満のときは，その個数）のノズルを同時に使用した場合に，それぞれのノズルの先端において，放射圧力が　0.35　MPa 以上で，かつ，　400　L/min 以上で　20　分間放射することができる量であること．

上記に掲げる泡水溶液の量のほか，　配管　内を満たすに要する泡水溶液の量．

⇨ P.101 参照

●泡消火設備の設置及び維持に関する技術上の基準の細目

□移動式の泡消火設備に用いる泡消火薬剤は，　低　発泡のものに限ること．

□移動式の泡消火設備の消防用ホースの長さは，当該泡消火設備のホース接続口からの水平距離が　15　m の範囲内の当該防護対象物の各部分に有効に放射することができる長さとすること．

□移動式の泡消火設備の泡放射用器具を格納する箱は，ホース接続口から

　　　　$\boxed{3}$　m 以内の距離に設けること.

□泡放射用器具を格納する箱にはその表面に「$\boxed{\text{移動式泡消火設備}}$」と表示
　すること.

□泡放射用器具を格納する箱の上部には$\boxed{\text{赤}}$色の灯火を設けること.

●製造所等の規定

□屋内に設ける移動式の泡消火設備の基準

　泡消火栓の開閉弁及びホース接続口は, 床面からの高さが$\boxed{1.5}$ m
　以下の位置に設けること.

　泡消火栓箱には, その表面に「$\boxed{\text{消火栓}}$」と表示すること.

　泡消火栓箱の上部に, 取付け面と$\boxed{15}$度以上の角度となる方向に
　沿って$\boxed{10}$ m 離れたところから容易に識別できる赤色の灯火を設
　けること.

□屋外に設ける移動式の泡消火設備の基準

　泡消火栓の開閉弁及びホース接続口は, 地盤面からの高さが$\boxed{1.5}$
　m 以下の位置に設けること.

　泡消火栓箱は, 不燃材料でつくられたものを用いるとともに, 当該泡消火
　栓に至る歩行距離が$\boxed{5}$ m 以下の場所に設けること.

　泡消火栓箱には, その表面に「$\boxed{\text{ホース格納箱}}$」と表示すること.

　泡消火栓箱には, その直近の見やすい場所に「$\boxed{\text{消火栓}}$」と表示した
　標識を設けること.

□補助泡消火栓の基準

　前記（屋外に設ける移動式の泡消火設備の基準）によるほか, 下記の規定
　とされている.

　補助泡消火栓は, $\boxed{3}$個（ホース接続口が 3 個未満のときは, そ
　の個数）のノズルを同時に使用した場合に, それぞれのノズルの先端にお
　いて, 放射圧力が$\boxed{0.35}$ MPa 以上で, かつ, $\boxed{400}$ L/min 以上
　で放射することができるように設けること.

補助泡消火栓は，防油堤の外側で有効に消火活動が行うことができる位置に，それぞれ1の補助泡消火栓に至る歩行距離が $\boxed{75}$ m以下となるように設けること．

□フォームヘッドを用いる泡消火設備の1の放射区域の面積

道路の用に供される部分 — $\boxed{80}$ m² 以上 $\boxed{160}$ m² 以下

その他 — $\boxed{50}$ m² 以上 $\boxed{100}$ m² 以下

製造所等 — $\boxed{100}$ m² 以上

● **加圧送水装置の必要な落差，圧力，全揚程の計算式**

□高架水槽方式　H：必要な落差［m］

$$H = \boxed{h_1 + h_2 + h_3}$$

h_1：泡放出口の放射圧力換算水頭［m］

h_2：配管の摩擦損失水頭［m］

h_3：移動式の泡消火設備の消防用ホースの摩擦損失水頭［m］

□圧力水槽方式　P：必要な圧力［MPa］

$$P = \boxed{p_1 + p_2 + p_3 + p_4}$$

p_1：泡放出口の放射圧力［MPa］

p_2：配管の摩擦損失水頭圧［MPa］

p_3：落差の換算水頭圧［MPa］

p_4：移動式の泡消火設備の消防用ホースの摩擦損失水頭圧［MPa］

□ポンプ方式　H：ポンプの全揚程［m］

$$H = \boxed{h_1 + h_2 + h_3 + h_4}$$

h_1：泡放出口の放射圧力換算水頭［m］

h_2：配管の摩擦損失水頭［m］

h_3：落差［m］

h_4：移動式の泡消火設備の消防用ホースの摩擦損失水頭［m］

□高発泡用泡放出口を用いる泡消火設備には泡の放出を $\boxed{停止}$ するための装置を設けること．

□泡放出口

一般の防火対象物に設置される泡放出口

フォーム・ウォーター・スプリンクラーヘッド

放出量は　75　L/min と規定されている.

製造所等に設置される泡放出口

エアーフォームチャンバー とは, 危険物を貯蔵する貯槽の消火に使用される泡放出口である

□泡消火薬剤

泡消火薬剤は　検定　品である.

泡消火薬剤は たん白 泡消火薬剤, 合成界面活性剤 泡消火薬剤, 水成膜 泡消火薬剤, 大容量泡放水砲用 泡消火薬剤がある.

□泡水溶液

泡水溶液とは, 泡消火薬剤に水を加え, 　3　%型にあっては 　3　容量%, 　6　%型にあっては 　6　容量%の濃度にした水溶液をいう.

□消火用泡の性能

泡の膨張率は　6　倍(水成膜泡消火薬剤にあっては, 　5　倍)以上であり, かつ, 発泡前の泡水溶液の容量の25%の泡水溶液が泡から還元するために要する時間は　1　分以上でなければならない (大容量泡放水砲用泡消火薬剤の泡水溶液を除く).

高発泡用泡消火薬剤の泡の膨張率は　500　倍以上であり, かつ, 発泡前の泡水溶液の容量の25%の泡水溶液が泡から還元するために要する時間は　3　分以上でなければならない.

□泡消火薬剤の使用温度範囲

泡消火薬剤は, 　−5　℃以上30℃以下, 耐寒用泡消火薬剤にあっては 　−10　℃以上30℃以下, 超耐寒用泡消火薬剤にあっては 　−20　℃以上30℃以下の温度範囲で使用した場合において, 消火の機能を有効に発揮することができるものでなければならない.

□泡消火薬剤の引火点

泡消火薬剤の引火点は，温度 $\boxed{60}$ ℃以上でなければならない．

⮕ P.104 参照

2章の確認　(3) 泡消火設備の検査及び点検

●検査及び点検

□消防用ホースの点検

ホースの耐圧性能（ホースの製造年の末日から $\boxed{10}$ 年を経過した日以降に点検を行う場合に限る．ただし，ホースの耐圧性能に関する点検を行ってから3年を経過していない場合を除く）の点検を行わなければならない．

●発泡倍率及び25％還元時間の確認方法

□試験，点検の器具の名称

泡試料 $\boxed{コレクタ}$ ，泡試料 $\boxed{コンテナ}$ ，泡試料コンテナ台，$\boxed{メスシリンダ}$

注．たん白泡消火薬剤，合成界面活性剤泡消火薬剤用と水成膜泡消火薬剤用の試験，点検の器具は違うので注意．

□発泡倍率の計算式

たん白泡消火薬剤または合成界面活性剤泡消火薬剤のうち低発泡のものを使用して発泡させたもの．

$$発泡倍率 = \frac{\boxed{1\,400}\ \text{mL}}{コンテナ重量を除いた全重量\,[\text{g}]} = \boxed{6}\ 倍以上$$

水成膜泡消火薬剤を使用して発泡させたもの．

$$発泡倍率 = \frac{\boxed{1\,000}\ \text{mL}}{シリンダ重量を除いた全重量\,[\text{g}]} = \boxed{5}\ 倍以上$$

□25％還元時間は，$\boxed{1}$ 分以上．

□混合率の判定基準は，3％型は $\boxed{3 \sim 4}$ ％，6％型は $\boxed{6 \sim 8}$ ％の範

囲内とされている.

→ P.108 参照

2章の確認 (4) 泡消火設備の規格

●規格

□閉鎖型スプリンクラーヘッド（検定品）

閉鎖型スプリンクラーヘッドの感熱体は ヒュージブルリンク 型と グラスバルブ 型がある.

□泡消火薬剤（検定品）

泡消火薬剤の種類は, たん白 泡消火薬剤, 合成界面活性剤 泡消火薬剤, 水成膜 泡消火薬剤がある.

使用温度範囲の区分で, 耐寒 用泡消火薬剤と 超耐寒 用泡消火薬剤がある.

引火点は 60 ℃以上とされている.

低発泡の泡消火薬剤の性能は, 膨張率がたん白泡および合成界面活性剤泡については 6 倍以上で, 水成膜泡については 5 倍以上とされ, 25％還元時間は 1 分以上とされている.

高発泡の泡消火薬剤の性能は, 膨張率が 500 倍以上, 25％還元時間は 3 分以上とされている.

□消防用ホース（自主表示品）

消防用ホースの種類は, 平 ホース, 保形 ホース, 大容量泡放水砲用 ホース及び 濡れ ホースがある.

使用圧 とは, 折れ曲がった部分のない状態における消防用ホースに通水した場合の常用最高使用水圧（単位［MPa］）をいう.

□結合金具（自主表示品）

結合金具には, 差込 式結合金具, ねじ 式結合金具, 大容量泡放水砲用差込式結合金具, 大容量泡放水砲用ねじり式結合金具の4種類がある.

□流水検知装置（検定品）

流水検知装置の種類は，| 湿 |式流水検知装置，| 乾 |式流水検知装置，| 予作動 |式流水検知装置がある．

□一斉開放弁（検定品）

一斉開放弁は，スプリンクラー設備，水噴霧消火設備，泡消火設備の配管途中に設けられている弁で，消火に必要な区域のすべてのヘッドに送水する制御弁として用いられる．

➡ P.109 参照

2章の確認　(5) 特定駐車場用泡消火設備

●用語の意義

□特定駐車場

特定駐車場とは，令別表第1に掲げる防火対象物の駐車の用に供される部分で，床面積が，地階または2階以上の階にあっては200 m²以上，1階にあっては500 m²以上，屋上部分にあっては300 m²以上のもののうち，床面から天井までの高さが| 10 |m以下の部分

●特定駐車場泡消火設備の種類

□| 単純型平面式 |泡消火設備

□感知継手| 開放ヘッド |併用型平面式泡消火設備

□感知継手| 泡ヘッド |併用型平面式泡消火設備

□一斉開放弁| 開放ヘッド |併用型平面式泡消火設備

□一斉開放弁| 泡ヘッド |併用型平面式泡消火設備

□| 機械 |式泡消火設備

●水源の水量

　単純型平面式泡消火設備は最大開放個数または次の式により求められる閉鎖型泡水溶液ヘッドの個数のうちいずれか大きい個数（当該個数が　8　以下の場合にあっては，　8　）の閉鎖型泡水溶液ヘッドを同時に開放した場合に，泡水溶液を　10　分間放射することができる量

$$N = \boxed{10 \times (2.3)^2 \div r^2}$$

　　　r：閉鎖型泡水溶液ヘッドの有効感知範囲の半径（単位［m］）

　　　N：閉鎖型泡水溶液ヘッドの個数（単位　個）

P.114 参照

note

泡消火設備の構成

問1

泡消火設備についての記述で，誤っているものは次のうちどれか.

(1) 加圧送水装置には，高架水槽を用いる方式，圧力水槽を用いる方式及びポンプを用いる方式がある.

(2) フート弁とはポンプの吸水管の先端の吸い込み口に設けられるもので，ポンプを停止した場合の水落ちを防ぐものである. ポンプを用いる方式の加圧送水装置には必要なものである.

(3) 泡消火設備の自動起動装置は，自動火災報知設備の感知器の作動，閉鎖型スプリンクラーヘッドの開放または火災感知用ヘッドの作動もしくは開放と連動して起動することができるものであること.

(4) 泡による主な消火の原理は窒息消火である.

問2

ポンプについての記述で，誤っているものは次のうちどれか.

(1) ポンプの定格吐出量における定格全揚程は，100 %以上110 %以下であること.

(2) ポンプの締切全揚程は，定格吐出量のときの全揚程の130 %以下であること.

(3) ポンプの能力は，全揚程と吐出量で表される.

(4) ポンプの定格吐出量の150 %の吐出量のときの全揚程は65 %以上であること.

問3

ポンプを用いる方式の加圧送水装置についての記述で，誤っているものは次のうちどれか．
(1) 加圧送水装置は，直接操作によってのみ停止できるものでなければならない．
(2) 加圧送水装置には，締切運転時における水温上昇防止のための逃し配管を設けなければならない．
(3) ポンプには，その吐出側に圧力計，吸込側に連成計を設けなければならない．
(4) 加圧送水装置には専用の呼水装置を必ず設けなければならない．

電動機

問4

誘導電動機は始動電流が大きく，始動トルクが小さいので，200 V回路であれば 11 kW 以上の電動機に対して，始動器を用いて始動電流を低減させているが，始動器を用いて始動電流を低減させていない始動方法は次のうちどれか．
(1) クローズドスターデルタ始動法
(2) リアクトル始動法
(3) コンドルファ始動法
(4) 直入れ始動法

問5

泡消火設備の起動装置についての記述で,誤っているものは次のうちどれか.

(1) 手動起動装置の操作部は,床面からの高さは,1.5 m 以下としなければならない.

(2) 起動装置の操作部には有効な防護措置を施さなければならない.

(3) 自動式の起動装置に使用される火災感知ヘッドなどの1個の警戒面積は,20 m² 以下としなければならない.

(4) 自動式の起動装置に使用される閉鎖型スプリンクラーヘッドには,ヒュージブルリンク形とグラスバルブ形がある.

問6

呼水装置についての記述で,誤っているものは次のうちどれか.

(1) 減水警報装置は,呼水槽の有効水量が 1/2 になるまでに警報を発しなければならない.

(2) 逃し配管はポンプの締切り運転時において,ポンプの極端な圧力の上昇を防止するために設置しなければならない.

(3) 呼水管は呼水槽からポンプおよび吸込管に給水するもので,管の呼び 40 A 以上としなければならない.

(4) 呼水槽の有効水量は 100 L 以上,ただし,フート弁の呼び径が 150 A 以下の場合にあっては,50 L 以上とすることができる.

問7

消火ポンプの電動機の軸動力で正しいものは，次のうちどれか．ただし，消火ポンプに必要な性能などは次のとおりとする．

ポンプの吐出量 = 1 000 L/min，ポンプの全揚程 = 80 m，伝達係数 = 1.1，ポンプ効率 = 80 %

(1) 16 kW 以上
(2) 18 kW 以上
(3) 20 kW 以上
(4) 22 kW 以上

非常電源と配線

問8

非常電源についての記述で，誤っているものは次のうちどれか．

(1) 非常電源の種類には，非常電源専用受電設備，自家発電設備，蓄電池設備及び燃料電池設備がある．

(2) 自家発電設備は，常用電源が停電した場合に自動的に起動し，電圧確立及び投入の所要時間が 40 秒以内でなければならない．

(3) 非常電源専用受電設備は，消防用設備等専用で，ほかの電気回路の開閉や遮断器によって遮断されない回路としたもの．特定防火対象物で延べ面積 2 000 m^2 以上のものは認められていない．

(4) 燃料電池設備とは，水素と酸素を化学反応させて発電するものである．常用電源が停電してから電圧確立及び投入までの所要時間は，40 秒以内でなければならない．

問9

　図は配線の系統図であるが，耐火，耐熱配線の範囲の説明で正しいものは次のうちどれか.

(1)　①は耐火配線とし，②〜⑥は耐熱配線以上にしなければならない.

(2)　①と②は耐火配線，③と④は耐熱配線以上とし，⑤と⑥は一般配線でもよい.

(3)　①〜③は耐火配線，④は耐熱配線以上とし，⑤と⑥は一般配線でもよい.

(4)　①と②は耐火配線とし，③〜⑥は耐熱配線以上としなければならない.

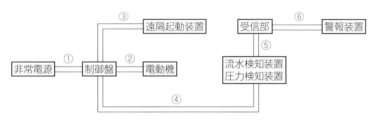

問10

　下記の泡消火薬剤混合装置についての記述に該当する方式は次のうちどれか.

　「加圧送水装置と泡放出口の間に泡消火薬剤混合器及び泡消火薬剤タンクを設けて，加圧送水装置から圧送されてきた水の圧力で泡消火薬剤を泡消火薬剤混合装置に送り出し，水と混合させる方式」

(1)　プレッシャー・プロポーショナー方式

(2)　プレッシャー・サイド・プロポーショナー方式

(3)　ポンプ・プロポーショナー方式

(4)　ライン・プロポーショナー方式

配管等

問 11

配管等についての記述で，誤っているものは次のうちどれか.

(1) 配管は専用とすること．ただし，屋内消火栓設備の起動装置を操作することにより直ちに他の消火設備の用途に供する配管への送水を遮断することができる等当該屋内消火栓設備の性能に支障を生じない場合においては，この限りでない．

(2) 加圧送水装置の吸水管は，ポンプごとに専用とすること．

(3) 開閉弁又は止水弁にあってはその開閉方向を，逆止弁にあってはその流れ方向を表示したものであること．

(4) 配管の耐圧力は，当該配管に給水する設計圧力の 1.5 倍以上の水圧を加えた場合において当該水圧に耐えるものであること．

問 12

配管材料の JIS 規格番号と名称の組合せが一致しないものは，次のうちどれか.

(1) 配管用ステンレス鋼管 － JIS G 3459

(2) 配管用炭素鋼鋼管 － JIS G 3442

(3) 一般配管用ステンレス鋼鋼管 － JIS G 3448

(4) 圧力配管用炭素鋼鋼管 － JIS G 3454

問13

配管の接続方法についての記述で，誤っているものは次のうちどれか.

(1) 配管の接続方法は，ねじ込み接続，フランジ接続及び溶接接続がある.

(2) フランジは，直管と直管の接続及び直管と機器の接続に使用される.

(3) エルボは，配管の屈曲部の接続に使用される.

(4) レジューサーは，配管の分岐部の接続に使用される.

問14

バルブ類の特徴及び使用用途についての記述で，誤っているものは次のうちどれか.

(1) 仕切弁とは，ゲートバルブともいわれる. 止水弁として使われる例が多く，全開または全閉の状態で使用される. 流水抵抗は小さい. 流れ方向は限定されない.

(2) 玉形弁とは，グローブバルブともいわれる. 流量調整の弁として使用される. 流水抵抗は大きい. 流れ方向は限定される.

(3) バタフライ弁とは，狭くてスペースがないところに使用される. 流水抵抗は小さい. 流れ方向は限定される.

(4) 逆止弁とは，流体の逆流を防止する弁で，スイング型，リフト型，ウエハ型がある.

2-2 泡消火設備の基準

泡消火設備に関する基準

問15

泡消火設備の基準についての記述で,誤っているものは次のうちどれか.

(1) 膨張比による泡の種別は,低発泡,中発泡,高発泡の3種類に区分されている.

(2) 膨張比とは,発生した泡の体積を,泡を発生するのに要する泡の水溶液の体積で除した値である.

(3) 固定式の泡放出口は,フォーム・ウォーター・スプリンクラーヘッド,フォームヘッド,高発泡用泡放出口,エアーフォームチャンバーがある.

(4) 低発泡の泡の膨張比は20倍以下である.

問16

固定式の泡放出口の設置基準についての記述で,誤っているものは次のうちどれか.

(1) 飛行機の格納庫に設置できる泡ヘッドは,フォーム・ウォーター・スプリンクラーヘッドである.

(2) フォームヘッドの配置は,床面積9 m²に1個以上必要である.

(3) 駐車の用に供される部分に設置できる泡ヘッドは,フォームヘッドである.

(4) フォーム・ウォーター・スプリンクラーヘッドの配置は,床面積9 m²に1個以上必要である.

問 17

移動式の泡消火設備の設置基準についての記述で，誤っているものは次のうちどれか．

(1) 一般の防火対象物で，移動式の泡消火設備のホース接続口は，すべての防護対象物について，当該防護対象物の各部分から1のホース接続口までの水平距離が15 m 以下となるように設けること．

(2) 製造所等で，屋内に設ける移動式の泡消火設備は，製造所等の建築物の階ごとに，その階の各部分から1のホース接続口までの水平距離が30 m 以下となるように設けること．

(3) 製造所等で，屋外に設ける移動式の泡消火設備は，防護対象物（当該消火設備によって消火すべき製造所等の建築物，その他の工作物及び危険物をいう．）の各部分（建築物の場合にあっては，当該建築物の1階及び2階の部分に限る）から1のホース接続口までの水平距離が40 m 以下となるように設けること．

(4) 製造所等で，屋外に移動式の泡消火設備を設ける場合は，その設置個数が1であるときは2としなければならない．

問 18

駐車場に泡消火設備を設置するのに最低必要な泡水溶液量で，正しいものは次のうちどれか．

ただし，使用する泡消火薬剤は水成膜泡消火薬剤，床面積は 90 m² とし，管内充満量は含まないものとする．

(1) 3 160 L 以上
(2) 3 330 L 以上
(3) 3 470 L 以上
(4) 3 550 L 以上

問 19

駐車場に移動式の泡消火設備を設置するのに必要な泡水溶液量で，正しいものは次のうちどれか．

ただし，設置個数は 3 個，泡消火薬剤はたん白泡消火薬剤とし，管内充満量は含まないものとする．

(1)　2 500 L 以上
(2)　3 000 L 以上
(3)　3 500 L 以上
(4)　4 000 L 以上

問 20

下記の記述は製造所等の屋内に設ける移動式の泡消火設備の規定であるが，□枠の中にあてはまる数値で，正しいものは次のうちどれか．

屋内に設ける移動式の泡消火設備は，いずれの階においても，当該階のすべて（当該階の設置個数が 4 個を超えるときは，4 個）の泡消火栓を同時に使用した場合に，それぞれのノズルの先端において，放射圧力が [イ] MPa 以上で，かつ，放射量が [ロ] L/min 以上で [ハ] 分間放射することができる量であること．

(1)　(イ) 0.15　(ロ) 130　(ハ) 15
(2)　(イ) 0.25　(ロ) 150　(ハ) 20
(3)　(イ) 0.30　(ロ) 180　(ハ) 25
(4)　(イ) 0.35　(ロ) 200　(ハ) 30

泡消火設備の設置及び維持に関する技術上の基準の細目

問 21

　移動式の泡消火設備の設置及び維持に関する技術上の基準の細目についての記述であるが,誤っているものは次のうちどれか.

(1) 移動式の泡消火設備の消防用ホースの長さは,当該泡消火設備のホース接続口からの水平距離が15 m以上の長さとすること.

(2) 移動式の泡消火設備の泡放射用器具を格納する箱は,ホース接続口から3 m以内の距離に設けること.

(3) 移動式の泡消火設備に用いる泡消火薬剤は,低発泡のものに限ること.

(4) 泡放射用器具を格納する箱にはその表面に「移動式泡消火設備」と表示すること.

問 22

　製造所等の移動式の泡消火設備の設置及び維持に関する技術上の基準の細目についての記述で,誤っているものは次のうちどれか.

(1) 屋内に設ける泡消火栓の開閉弁及びホース接続口は,床面からの高さが0.8 m以上1.5 m以下の位置に設けること.

(2) 屋外に設ける泡消火栓箱は,不燃材料でつくられたものを用いるとともに,当該泡消火栓に至る歩行距離が5 m以下の場所に設けること.

(3) 屋内に設ける泡消火栓箱の上部に,取付け面と15度以上の角度となる方向に沿って10 m離れたところから容易に識別できる赤色の灯火を設けること.

(4) 屋内に設ける泡消火栓箱には,その表面に「消火栓」と表示すること.

問 23

駐車場にフォームヘッドを用いる泡消火設備を設置するのに，1 の放射区域の面積で，正しいものは次のうちどれか．

(1)　100 m² 以上

(2)　50 m² 以上 100 m² 以下

(3)　80 m² 以上 160 m² 以下

(4)　80 m² 以下

問 24

加圧送水装置の必要な落差，圧力，全揚程の計算式で，ポンプ方式の計算式は次のうちどれか．

ただし，h_1：泡放出口の放射圧力換算水頭（単位 [m]）

h_2：配管の摩擦損失水頭（単位 [m]）

h_3：落差（単位 [m]）

h_4：移動式の泡消火設備の消防用ホースの摩擦損失水頭（単位 [m]）

p_1：泡放出口の放射圧力（単位 [MPa]）

p_2：配管の摩擦損失水頭圧（単位 [MPa]）

p_3：落差の換算水頭圧（単位 [MPa]）

p_4：移動式の泡消火設備の消防用ホースの摩擦損失水頭圧（単位 [MPa]）

とする．

(1)　$H = h_1 + h_2$

(2)　$H = h_1 + h_2 + h_4$

(3)　$P = p_1 + p_2 + p_3 + p_4$

(4)　$H = h_1 + h_2 + h_3 + h_4$

問25

　泡放出口についての記述で，誤っているものは次のうちどれか.

(1)　泡放出口を用いる消火設備には泡の放出を停止するための装置を設けなければならない.

(2)　フォーム・ウォーター・スプリンクラーヘッドとは，泡水溶液を使用すれば空気泡を放出し，水を使用すれば開放型スプリンクラーヘッドとしての性能をもつものである．放出量は，75 L/min以上と規定されている.

(3)　フォームヘッドとは，泡だけを放射するヘッドである.

(4)　エアーフォームチャンバーとは，危険物を貯蔵する貯槽の消火に使用される泡放出口である.

問26

　高発泡用泡放出口の設置基準についての記述で，誤っているものは次のうちどれか.

(1)　全域放出方式の高発泡用泡放出口は，1の防護区画の床面積400 m² ごとに1個以上を当該区画に泡を有効に放出できるように設けること.

(2)　全域放出方式の高発泡用泡放出口は，防護区画で区画された部分で開口部に自動閉鎖装置が設けられているものに設けるものとする．ただし，当該防護区画から外部に漏れる量以上の量の泡水溶液を有効に追加して放出することができる設備であるときは，当該開口部の自動閉鎖装置を設けないことができる.

(3)　全域放出方式の冠泡体積とは当該床面から防護対象物の最高位より0.5 m 高い位置までの体積をいう.

(4)　局所放出方式の高発泡用泡放出口は，防護対象物が相互に隣接する場合で，かつ，延焼のおそれのある場合にあっては，当該延焼のおそれのある範囲内の防護対象物を1の防護対象物として設けること.

問27

　図はエアーフォームチャンバーであるが，①〜④の部分の名称で誤っているものは次のうちどれか.
(1)　①は封板である.
(2)　②はデフレクターである.
(3)　③はオリフィスである.
(4)　④は点検口である.

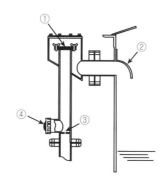

問28

　泡消火薬剤についての記述で，誤っているものは次のうちどれか.
(1)　泡消火薬剤はたん白泡消火薬剤，合成界面活性剤泡消火薬剤，水成膜泡消火薬剤，大容量泡放水砲用泡消火薬剤がある.
(2)　泡水溶液とは,泡消火薬剤に水を加え,3％型にあっては3容量％,6％型にあっては6容量％の濃度にした水溶液をいう.
(3)　泡の膨張率は6倍（水成膜泡消火薬剤にあっては，5倍）以上であり，かつ，発泡前の泡水溶液の容量の25％の泡水溶液が泡から還元するために要する時間は1分以上でなければならない（大容量泡放水砲用泡消火薬剤の泡水溶液を除く）.
　　高発泡用泡消火薬剤の泡の膨張率は500倍以上であり，かつ，発泡前の泡水溶液の容量の25％の泡水溶液が泡から還元するために要する時間は3分以上でなければならない.
(4)　泡消火薬剤の引火点は，温度100℃以上でなければならない.

検査及び点検の方法

問 29

水成膜泡消火薬剤を使用して発泡させた場合の発泡倍率及び 25 ％還元時間の試験及び点検に必要でない器具は次のうちどれか.
(1) 泡試料コレクタ
(2) 泡試料コンテナ台
(3) 1 000 mL 目盛付メスシリンダ
(4) ストップウォッチ

問 30

水成膜泡消火薬剤を使用する泡消火設備の発泡試験で，1 000 mL 目盛付メスシリンダに泡を採取し，重量を測定した結果 443 g であった.発泡倍率は何倍になるか.また，採取した泡から 25 ％還元する泡水溶液量は何 mL か，次のうちから選べ.ただし，1 000 mL 目盛付メスシリンダの空重量は 300 g とする.
(1) 発泡倍率約 6 倍，25 ％還元量約 42 mL
(2) 発泡倍率約 7 倍，25 ％還元量約 36 mL
(3) 発泡倍率約 8 倍，25 ％還元量約 31 mL
(4) 発泡倍率約 9 倍，25 ％還元量約 28 mL

2-4 泡消火設備の規格

規格

問31

閉鎖型スプリンクラーヘッドについての記述で，誤っているものは次のうちどれか.

(1) 閉鎖型スプリンクラーヘッドの感熱体は，易融性金属により融着され，または，易融性物質により組み立てられたヒュージブルリンク型と，ガラス球の中に液体などを封入したグラスバルブ型とがある.

(2) 閉鎖型スプリンクラーヘッドには，標示温度を区分して色別表示しなければならないが，60 ℃以上 75 ℃未満は白色表示である.

(3) 泡消火設備の感知ヘッドに使用される閉鎖型スプリンクラーヘッドの種類は，上向き型が多い.

(4) ヘッドの取付ねじは，管用テーパーおねじにしなければならない.

問32

水成膜泡消火薬剤についての記述で，誤っているものは次のうちどれか.

(1) 使用温度範囲は耐寒用，超耐寒用を除き −5 ℃以上 30 ℃以下であり，流動点は −7.5 ℃である.

(2) 比重は 1.00 以上 1.15 以下である.

(3) 引火点は 60 ℃以上である.

(4) 発泡性能の膨張率は 6 倍以上で, 25 ％還元時間は 1 分以上である.

問 33

消防用ホースについての記述で,誤っているものは次のうちどれか.
(1) 消防用ホースの種類には,平ホース,保形ホース,大容量泡放水砲用ホース及び濡れホースがある.
(2) 使用圧とは,折れ曲がった部分のない状態における消防用ホースに通水した場合の常用最高使用水圧(単位[MPa])をいう.
(3) 消防用ホースは検定品である.
(4) 保形ホースとは,ホースの断面が常時円形に保たれる消防用ホースをいう.

問 34

消防用ホースの見やすい箇所に容易に消えないように表示するものとして,誤っているものは次のうちどれか.
(1) 製造者名または商標
(2) 製造年月
(3) 「使用圧」という文字および使用圧
(4) 届出番号

問 35

消防用結合金具についての記述で,誤っているものは次のうちどれか.
(1) 消防用結合金具は,消防活動に使用するホース,吸管の両端に装着し,消防用ホースまたは吸管の相互接続などをするものである.
(2) 消防用結合金具は,検定品である.
(3) 消防用結合金具は,差込式,ねじ式およびねじり式がある.
(4) 消防用結合金具は,使用圧の表示も必要である.

問 36

湿式流水検知装置の構造についての記述で，誤っているものは次のうちどれか．

(1) 加圧送水装置を起動させるものにあっては，逆止弁構造を有すること．

(2) スイッチ類は，防滴のための有効な措置が講じられていること．

(3) 感度調整装置は，露出して設けられていないこと．

(4) 弁体を開放することなく信号または警報の機能を点検できる装置を有すること．

問 37

湿式流水検知装置の機能についての記述で，誤っているものは次のうちどれか．

(1) 流速 4.5 m/s の加圧水などを流した場合に連続して信号または警報を発し，かつ，流水停止の場合に信号または警報が停止すること．

(2) 最低使用圧力における不作動水量（信号または警報を発しない本体内の最大の流水量として定められたものをいう）で流水開始しても信号または警報を発しないこと．

(3) 一次側に瞬間的な圧力変動が生じた場合に連続して信号または警報を発しないこと．

(4) ウォーター・モーター・ゴングは，1 m 離れた位置で，90 dB 以上の音量があること．

問38

　乾式流水検知装置の構造として，規格省令に定められていないものは次のうちどれか．

(1) 弁体を開放することなく信号または警報の機能を点検できる装置を有すること．

(2) 二次側に加圧空気を補充できること．

(3) 二次側に予備水を必要とするものにあっては，予備水の必要水位を確保する装置を有すること．

(4) 加圧送水装置を起動させるものにあっては，逆止弁構造を有すること．

問39

　一斉開放弁の最高使用圧力および耐圧力についての記述で，誤っているものは次のうちどれか．

(1) 一斉開放弁の最高使用圧力は，呼びが 10 K の場合，1.0 MPa 以上 1.4 MPa 以下でなければならない．

(2) 一斉開放弁の最高使用圧力は，呼びが 16 K の場合，1.6 MPa 以上 2.0 MPa 以下でなければならない．

(3) 一斉開放弁の弁箱の耐圧力は，呼びが 10 K の場合，2.0 MPa の圧力を 2 分間加えた場合，漏水，変形，損傷または破壊を生じないものでなければならない．

(4) 一斉開放弁の弁箱の耐圧力は，呼びが 16 K の場合，3.2 MPa の圧力を 2 分間加えた場合，漏水，変形，損傷または破壊を生じないものでなければならない．

問40

一斉開放弁についての記述で，誤っているものは次のうちどれか．

(1) 一斉開放弁（配管との接続部の内径が 300 mm を超えるものを除く）は，スプリンクラー設備，水噴霧消火設備，泡消火設備の配管途中に設けられている弁で，消火に必要な区域のすべてのヘッドに送水する制御弁として用いられる．

(2) 弁体は，常時閉止の状態にあり，起動装置の作動により開放すること．

(3) 弁体を開放したあとに通水が中断した場合においても，再び通水できること．

(4) 一斉開放弁は，起動装置を作動させた場合，10 秒（内径が 200 mm を超えるものにあっては，60 秒）以内に開放するものでなければならない．

問41

一斉開放弁に表示しなければならない事項として，誤っているものは次のうちどれか．

(1) 製造年月

(2) 種別および型式番号

(3) 流水方向を示す矢印

(4) 製造番号

2-5 特定駐車場用泡消火設備

特定駐車場

問42

次の記述のうち，特定駐車場用泡消火設備の設置対象となるものはどれか．ただし，屋上部分を含み，駐車するすべての車両が同時に屋外に出ることができない構造のものとする．

(1) 昇降機などの機械装置により車両を駐車させる構造のもので，車両の収容台数が20台，床面から天井の高さ12 m

(2) 2階で床面積250 m²，床面から天井の高さ6 mの平面式駐車場

(3) 1階で床面積400 m²，床面から天井の高さ8 mの平面式駐車場

(4) 地階で床面積150 m²，床面から天井の高さ8 mの平面式駐車場

特定駐車場用泡消火設備の種類

問43

特定駐車場用泡消火設備の種類と，その種類の構成についての記述で，誤っているものは次のうちどれか．

(1) 単純型平面式泡消火設備とは，平面式特定駐車場において閉鎖型泡水溶液ヘッドを用いる特定駐車場用泡消火設備をいう．

(2) 感知継手開放ヘッド併用型平面式泡消火設備とは，平面式特定駐車場において閉鎖型泡水溶液ヘッド，開放型泡水溶液ヘッド及び感知継手（火災の感知と同時に内蔵する弁体を開放し，開放型泡水溶液ヘッドまたは泡ヘッドに泡水溶液を供給する継手をいう）を用いる特定駐車場用泡消火設備をいう．

(3) 一斉開放弁開放ヘッド併用型平面式泡消火設備とは，平面式特定駐車場において閉鎖型泡水溶液ヘッド，泡ヘッド及び感知継手を用いる特定駐車場用泡消火設備をいう．

(4) 機械式泡消火設備とは，機械式特定駐車場において閉鎖型泡水溶液ヘッド，開放型泡水溶液ヘッド，泡ヘッド，火災感知用ヘッド，閉鎖型スプリンクラーヘッド，一斉開放弁及び感知継手を用いる特定駐車場用泡消火設備をいう．

問44

　平面駐車場に単純型平面式泡消火設備を設置した場合の泡消火薬剤貯蔵量で，正しいものは次のうちどれか．ただし，閉鎖型泡水溶液ヘッドの放水量は 80 L/min，有効感知半径は 2.8 m，泡消火薬剤の混合率は 3 ％型とする．

⑴　（4 800 L ＋配管充満量）× 0.03

⑵　（5 600 L ＋配管充満量）× 0.03

⑶　（6 400 L ＋配管充満量）× 0.03

⑷　（8 000 L ＋配管充満量）× 0.03

解　答　　　　　　　　## 2-1　泡消火設備の構造・機能

泡消火設備の構成

問1　**(2)**

① 加圧送水装置には，高架水槽を用いる方式，圧力水槽を用いる方式及びポンプを用いる方式がある．

② フート弁とはポンプの吸水管の先端の吸い込み口に設けられるもので，ポンプを停止した場合の水落ちを防ぐものである．ポンプを用いる方式の加圧送水装置には必要なものである．

③ 泡消火設備の自動起動装置は，自動火災報知設備の感知器の作動，閉鎖型スプリンクラーヘッドの開放または火災感知用ヘッドの作動もしくは開放と連動して起動することができるものであること．

④ 泡による主な消火の原理は窒息消火である．

　(2)が誤り．
　フート弁は，ポンプを停止した場合にポンプ内の水落ちを防ぐものである．ゆえに，水源がポンプより高い位置にある場合には設置不要である．

問2　**(2)**

① ポンプの定格吐出量における定格全揚程は，100％以上110％以下であること．

② ポンプの締切全揚程は，定格吐出量のときの全揚程の130％以下であること．

③ ポンプの能力は，全揚程と吐出量で表される．

④ ポンプの定格吐出量の150％の吐出量のときの全揚程は65％以上であること．

　(2)が誤り．
　ポンプの締切全揚程は，定格吐出量のときの全揚程の140％以下であること．

問3 (4)

① 加圧送水装置は，直接操作によってのみ停止できるものでなければならない.

② 加圧送水装置には，締切運転時における水温上昇防止のための逃し配管を設けなければならない.

③ ポンプには，その吐出側に圧力計，吸込側に連成計を設けなければならない.

④ 加圧送水装置には専用の呼水装置を必ず設けなければならない.

(4)が誤り.

呼水装置は水源がポンプより低い位置にある場合に，ポンプのケーシング内と吸水管に水を充満させるためのものであり，水源がポンプより高い位置にある場合は不要である.

電動機

問4 (4)

① クローズドスターデルタ始動法

② リアクトル始動法

③ コンドルファ始動法

④ 直入れ始動法

(4)の直入れ始動法は，始動器を用いない始動方法である.

問5 (1)

① 手動起動装置の操作部は，床面からの高さは，1.5 m 以下としなければならない.

② 起動装置の操作部には有効な防護措置を施さなければならない.

③ 自動式の起動装置に使用される火災感知ヘッドなどの1個の警戒面積は，20 m² 以下としなければならない.

④ 自動式の起動装置に使用される閉鎖型スプリンクラーヘッドには，ヒュージブルリンク形とグラスバルブ形がある.

(1)が誤り.

手動起動装置の操作部は，床面からの高さは，0.8 m 以上 1.5 m 以下としなければならない.

問6 **(2)**

① 減水警報装置は，呼水槽の有効水量が 1/2 になるまでに警報を発しなければ
ならない．

② 逃し配管はポンプの締切り運転時において，ポンプの極端な圧力の上昇を防
止するために設置しなければならない．

③ 呼水管は呼水槽からポンプおよび吸込管に給水するもので，管の呼び 40 A
以上としなければならない．

④ 呼水槽の有効水量は 100 L 以上，ただし，フート弁の呼び径が 150 A 以下
の場合にあっては，50 L 以上とすることができる．

(2)が誤り．

逃し配管はポンプの締切り運転時において，ポンプの水温の上昇を防止するた
めに設置しなければならない．

問7 **(2)**

電動機の軸動力は次の式より求める．

$$P = \frac{0.163 \times Q \times H \times K}{\eta}$$

P：電動機の軸動力 [kW]

Q：ポンプの吐出量 = 1 000 L/min = 1 m³/min

H：ポンプの全揚程 = 80 m

K：伝達係数 = 1.1

η：ポンプ効率 = 80 %

$P = 0.163 \times 1 \times 80 \times 1.1 \div 0.8 = 17.93 \fallingdotseq 18$

ゆえに，18 kW 以上となる．

非常電源と配線

問8 (3)

① 非常電源の種類には，非常電源専用受電設備，自家発電設備，蓄電池設備及び燃料電池設備がある．

② 自家発電設備は，常用電源が停電した場合に自動的に起動し，電圧確立及び投入の所要時間が40秒以内でなければならない．

③ 非常電源専用受電設備は，消防用設備等専用で，ほかの電気回路の開閉や遮断器によって遮断されない回路としたもの．特定防火対象物で延べ面積2 000 m² 以上のものは認められていない．

④ 燃料電池設備とは，水素と酸素を化学反応させて発電するものである．常用電源が停電してから電圧確立及び投入までの所要時間は，40秒以内でなければならない．

(3)が誤り．

非常電源専用受電設備は，消防用設備等専用で，ほかの電気回路の開閉や遮断器によって遮断されない回路としたもの．特定防火対象物で延べ面積1 000 m² 以上のものは認められていない．

問9 (4)

① ①は耐火配線とし，②～⑥は耐熱配線以上にしなければならない．

② ①と②は耐火配線，③と④は耐熱配線以上とし，⑤と⑥は一般配線でもよい．

③ ①～③は耐火配線，④は耐熱配線以上とし，⑤と⑥は一般配線でもよい．

④ ①と②は耐火配線とし，③～⑥は耐熱配線以上としなければならない．

(4)が正しい．
下図参照．

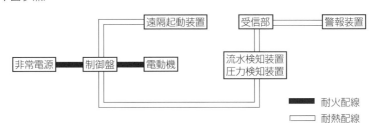

問10 (1)

① プレッシャー・プロポーショナー方式
② プレッシャー・サイド・プロポーショナー方式
③ ポンプ・プロポーショナー方式
④ ライン・プロポーショナー方式

(1)が該当する.
下図参照.

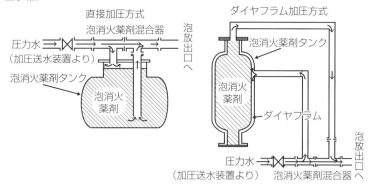

配管等

問11 (4)

① 配管は専用とすること.ただし,屋内消火栓設備の起動装置を操作することにより直ちに他の消火設備の用途に供する配管への送水を遮断することができる等当該屋内消火栓設備の性能に支障を生じない場合においては,この限りでない.

② 加圧送水装置の吸水管は,ポンプごとに専用とすること.

③ 開閉弁又は止水弁にあってはその開閉方向を,逆止弁にあってはその流れ方向を表示したものであること.

④ 配管の耐圧力は,当該配管に給水する設計圧力の1.5倍以上の水圧を加えた場合において当該水圧に耐えるものであること.

(4)が誤り.
配管の耐圧力は,当該配管に給水する締切圧力の1.5倍以上の水圧を加えた場合において当該水圧に耐えるものであること.

問 12 (2)

① 配管用ステンレス鋼管 ― JIS G 3459
② 配管用炭素鋼鋼管 ― JIS G 3442
③ 一般配管用ステンレス鋼管 ― JIS G 3448
④ 圧力配管用炭素鋼鋼管 ― JIS G 3454

(2)の組合せが一致しない.
　配管用炭素鋼鋼管は JIS G 3452 であり，JIS G 3442 は水配管用亜鉛めっき鋼管である.

問 13 (4)

① 配管の接続方法は，ねじ込み接続，フランジ接続及び溶接接続がある.
② フランジは，直管と直管の接続及び直管と機器の接続に使用される.
③ エルボは，配管の屈曲部の接続に使用される.
④ レジューサーは，配管の分岐部の接続に使用される.

(4)が誤り.
　レジューサーは配管径の変更部分の接続に使用される.

問 14 (3)

① 仕切弁とは，ゲートバルブともいわれる. 止水弁として使われる例が多く，全開または全閉の状態で使用される. 流水抵抗は小さい. 流れ方向は限定されない.
② 玉形弁とは，グローブバルブともいわれる. 流量調整の弁として使用される. 流水抵抗は大きい. 流れ方向は限定される.
③ バタフライ弁とは，狭くてスペースがないところに使用される. 流水抵抗は小さい. 流れ方向は限定される.
④ 逆止弁とは，流体の逆流を防止する弁で，スイング型，リフト型，ウエハ型がある.

(3)が誤り.
　バタフライ弁とは，狭くてスペースがないところに使用される. 流水抵抗は小さい. 流れ方向は限定されない.

2-2 泡消火設備の基準

泡消火設備に関する基準

問 15 (1)

(✗) 膨張比による泡の種別は, 低発泡, 中発泡, 高発泡の 3 種類に区分されている.

② 膨張比とは, 発生した泡の体積を, 泡を発生するのに要する泡の水溶液の体積で除した値である.

③ 固定式の泡放出口は, フォーム・ウォーター・スプリンクラーヘッド, フォームヘッド, 高発泡用泡放出口, エアーフォームチャンバーがある.

④ 低発泡の泡の膨張比は 20 倍以下である.

(1)が誤り.

膨張比による泡の種別は, 低発泡, 高発泡の 2 種類に区分されている. 中発泡という種類はない.

問 16 (4)

① 飛行機の格納庫に設置できる泡ヘッドは, フォーム・ウォーター・スプリンクラーヘッドである.

② フォームヘッドの配置は, 床面積 9 m² に 1 個以上必要である.

③ 駐車の用に供される部分に設置できる泡ヘッドは, フォームヘッドである.

(✗) フォーム・ウォーター・スプリンクラーヘッドの配置は, 床面積 9 m² に 1 個以上必要である.

(4)が誤り.

フォーム・ウォーター・スプリンクラーヘッドの配置は, 床面積 8 m² に 1 個以上必要である.

問17 (2)

① 一般の防火対象物で，移動式の泡消火設備のホース接続口は，すべての防護対象物について，当該防護対象物の各部分から１のホース接続口までの水平距離が15m以下となるように設けること．

② 製造所等で，屋内に設ける移動式の泡消火設備は，製造所等の建築物の階ごとに，その階の各部分から１のホース接続口までの水平距離が30m以下となるように設けること．

③ 製造所等で，屋外に設ける移動式の泡消火設備は，防護対象物（当該消火設備によって消火すべき製造所等の建築物，その他の工作物及び危険物をいう．）の各部分（建築物の場合にあっては，当該建築物の１階及び２階の部分に限る）から１のホース接続口までの水平距離が40m以下となるように設けること．

④ 製造所等で，屋外に移動式の泡消火設備を設ける場合は，その設置個数が１であるときは２としなければならない．

(2)が誤り．

製造所等で，屋内に設ける移動式の泡消火設備は，製造所等の建築物の階ごとに，その階の各部分から１のホース接続口までの水平距離が25m以下となるように設けること．

問18 (2)

最低必要な水溶液量は次の式より求める．

$$Q = q \times A \times T$$

Q：最低必要な泡水溶液量〔L〕

q：床面積１m²当たりの放射量 = 3.7 L/min

A：床面積 = 90 m²

T：放射時間 = 10 min

$Q = 3.7 \times 90 \times 10 = 3\,330$

ゆえに，3 330 L以上となる．

問 19 (2)

最低必要な水溶液量は次の式より求める.

$Q = q \times n \times T$

Q：最低必要な泡水溶液量〔L〕

q：移動式の泡消火設備 1 基当たりの放射量 = 100 L/min

n：移動式の泡消火設備の同時放射数 = 2 基

T：放射時間 = 15 min

$Q = 100 \times 2 \times 15 = 3\,000$

ゆえに，3 000 L 以上となる.

問 20 (4)

屋内に設ける移動式の泡消火設備は，いずれの階においても，当該階のすべて（当該階の設置個数が 4 個を超えるときは，4 個）の泡消火栓を同時に使用した場合に，それぞれのノズルの先端において，放射圧力が $\boxed{0.35}$ MPa 以上で，かつ，放射量が $\boxed{200}$ L/min 以上で $\boxed{30}$ 分間放射することができる量であること.

泡消火設備の設置及び維持に関する技術上の基準の細目

問 21 (1)

✖ 移動式の泡消火設備の消防用ホースの長さは，当該泡消火設備のホース接続口からの水平距離が 15 m 以上の長さとすること.

② 移動式の泡消火設備の泡放射用器具を格納する箱は，ホース接続口から 3 m 以内の距離に設けること.

③ 移動式の泡消火設備に用いる泡消火薬剤は，低発泡のものに限ること.

④ 泡放射用器具を格納する箱にはその表面に「移動式泡消火設備」と表示すること.

(1)が誤り.

移動式の泡消火設備の消防用ホースの長さは，当該泡消火設備のホース接続口からの水平距離が 15 m の範囲内の当該防護対象物の各部分に有効に放射することができる長さとすることと規定されている.

問 22　(1)

❌ 屋内に設ける泡消火栓の開閉弁及びホース接続口は,床面からの高さが 0.8 m 以上 1.5 m 以下の位置に設けること.

② 屋外に設ける泡消火栓箱は,不燃材料でつくられたものを用いるとともに,当該泡消火栓に至る歩行距離が 5 m 以下の場所に設けること.

③ 屋内に設ける泡消火栓箱の上部に,取付け面と 15 度以上の角度となる方向に沿って 10 m 離れたところから容易に識別できる赤色の灯火を設けること.

④ 屋内に設ける泡消火栓箱には,その表面に「消火栓」と表示すること.

(1)が誤り.

　屋内に設ける泡消火栓の開閉弁及びホース接続口は,床面からの高さが 1.5 m 以下の位置に設けることと規定されていて,0.8 m 以上という規定はない.

問 23　(2)

❌ 100 m² 以上

② 50 m² 以上 100 m² 以下

❌ 80 m² 以上 160 m² 以下

❌ 80 m² 以下

(2)が正しい.

　フォームヘッドを用いる泡消火設備の 1 の放射区域の面積は,道路の用に供される部分にあっては 80 m² 以上 160 m² 以下,その他の防火対象物又はその部分に設けられるものにあっては 50 m² 以上 100 m² 以下とすることと規定されている.

問 24　(4)

❌ $H = h_1 + h_2$

❌ $H = h_1 + h_2 + h_4$

❌ $P = p_1 + p_2 + p_3 + p_4$

④ $H = h_1 + h_2 + h_3 + h_4$

(4)がポンプ方式の計算式に該当する.

(1)は該当なし.　(2)は高架水槽方式.　(3)は圧力水槽方式.

問 25 **(1)**

✗ 泡放出口を用いる消火設備には泡の放出を停止するための装置を設けなければならない.

② フォーム・ウォーター・スプリンクラーヘッドとは,泡水溶液を使用すれば空気泡を放出し,水を使用すれば開放型スプリンクラーヘッドとしての性能をもつものである.放出量は,75 L/min 以上と規定されている.

③ フォームヘッドとは,泡だけを放射するヘッドである.

④ エアーフォームチャンバーとは,危険物を貯蔵する貯槽の消火に使用される泡放出口である.

(1)が誤り.
(1)は,高発泡用泡放出口を用いる泡消火設備のみに適用される規定である.

問 26 **(1)**

✗ 全域放出方式の高発泡用泡放出口は,1の防護区画の床面積 400 m² ごとに1個以上を当該区画に泡を有効に放出できるように設けること.

② 全域放出方式の高発泡用泡放出口は,防護区画で区画された部分で開口部に自動閉鎖装置が設けられているものに設けるものとする.ただし,当該防護区画から外部に漏れる量以上の量の泡水溶液を有効に追加して放出することができる設備であるときは,当該開口部の自動閉鎖装置を設けないことができる.

③ 全域放出方式の冠泡体積とは当該床面から防護対象物の最高位より 0.5 m 高い位置までの体積をいう.

④ 局所放出方式の高発泡用泡放出口は,防護対象物が相互に隣接する場合で,かつ,延焼のおそれのある場合にあっては,当該延焼のおそれのある範囲内の防護対象物を1の防護対象物として設けること.

(1)が誤り.
全域放出方式の高発泡用泡放出口は,1の防護区画の床面積 500 m² ごとに1個以上を当該区画に泡を有効に放出できるように設けなければならない.

問27 (4)

① ①は封板である.
② ②はデフレクターである.
③ ③はオリフィスである.
❌ ④は点検口である.

(4)が誤り.
④は空気吸入口である.

問28 (4)

① 泡消火薬剤はたん白泡消火薬剤, 合成界面活性剤泡消火薬剤, 水成膜泡消火薬剤, 大容量泡放水砲用泡消火薬剤がある.

② 泡水溶液とは, 泡消火薬剤に水を加え, 3%型にあっては3容量%, 6%型にあっては6容量%の濃度にした水溶液をいう.

③ 泡の膨張率は6倍(水成膜泡消火薬剤にあっては, 5倍)以上であり, かつ, 発泡前の泡水溶液の容量の25%の泡水溶液が泡から還元するために要する時間は1分以上でなければならない(大容量泡放水砲用泡消火薬剤の泡水溶液を除く).

　高発泡用泡消火薬剤の泡の膨張率は500倍以上であり, かつ, 発泡前の泡水溶液の容量の25%の泡水溶液が泡から還元するために要する時間は3分以上でなければならない.

❌ 泡消火薬剤の引火点は, 温度100℃以上でなければならない.

(4)が誤り.
泡消火薬剤の引火点は, 温度60℃以上と規定されている.

2-3 泡消火設備の検査及び点検

検査及び点検の方法

問29 (2)

① 泡試料コレクタ
② 泡試料コンテナ台
③ 1 000 mL 目盛付メスシリンダ
④ ストップウォッチ

(2)が必要でない器具.

(2)は，たん白泡消火薬剤または合成界面活性剤泡消火薬剤のうち低発泡のものを使用したもので，25 %還元時間の測定器具である.

問30 (2)

水成膜泡消火薬剤を使用する泡消火設備の発泡試験で，発泡倍率および採取した泡から25 %還元する泡水溶液量は，次により求める.

泡の正味重量[g]＝泡採取後の1 000 mL 目盛付メスシリンダ重量[g]－1 000 mL 目盛付メスシリンダ重量[g]

$$443\,g - 300\,g = 143\,g$$

$$発泡倍率 = \frac{1\,000\,mL\ 目盛付メスシリンダ内容量\,[mL]}{泡の正味重量\,[g]} = \frac{1\,000\,mL}{143g}$$

$$= 6.99 \fallingdotseq 7\ 倍$$

25 %還元量[mL]＝泡の正味重量[mL]÷4(25 %)＝143 mL÷4＝35.7≒36 mL
ゆえに，発泡倍率7倍，25 %還元量36 mL となる.

2-4 泡消火設備の規格

規格

問31 (2)

① 閉鎖型スプリンクラーヘッドの感熱体は，易融性金属により融着され，または，易融性物質により組み立てられたヒュージブルリンク型と，ガラス球の中に液体などを封入したグラスバルブ型とがある．

② 閉鎖型スプリンクラーヘッドには，標示温度を区分して色別表示しなければならないが，60℃以上75℃未満は白色表示である．

③ 泡消火設備の感知ヘッドに使用される閉鎖型スプリンクラーヘッドの種類は，上向き型が多い．

④ ヘッドの取付ねじは，管用テーパーおねじにしなければならない．

(2)が誤り．
閉鎖型スプリンクラーヘッドには，標示温度を区分して色別表示しなければならないが，60℃以上75℃未満は無色表示である．

問32 (4)

① 使用温度範囲は耐寒用，超耐寒用を除き－5℃以上30℃以下であり，流動点は－7.5℃である．

② 比重は1.00以上1.15以下である．

③ 引火点は60℃以上である．

④ 発泡性能の膨張率は6倍以上で，25％還元時間は1分以上である．

(4)が誤り．
発泡性能の膨張率は5倍以上で，25％還元時間は1分以上である．

問33 (3)

① 消防用ホースの種類には,平ホース,保形ホース,大容量泡放水砲用ホース及び濡れホースがある.

② 使用圧とは,折れ曲がった部分のない状態における消防用ホースに通水した場合の常用最高使用水圧(単位[MPa])をいう.

③ 消防用ホースは検定品である.

④ 保形ホースとは,ホースの断面が常時円形に保たれる消防用ホースをいう.

(3)が誤り.
消防用ホースは検定品ではなく,自主表示品である.

問34 (2)

① 製造者名または商標

② 製造年月

③ 「使用圧」という文字および使用圧

④ 届出番号

(2)が誤り.
製造年だけで月の表示は不要.

問35 (2)

① 消防用結合金具は,消防活動に使用するホース,吸管の両端に装着し,消防用ホースまたは吸管の相互接続などをするものである.

② 消防用結合金具は,検定品である.

③ 消防用結合金具は,差込式,ねじ式およびねじり式がある.

④ 消防用結合金具は,使用圧の表示も必要である.

(2)が誤り.
消防用結合金具は検定品ではなく,自主表示品である.

問 36 (4)

① 加圧送水装置を起動させるものにあっては，逆止弁構造を有すること.

② スイッチ類は，防滴のための有効な措置が講じられていること.

③ 感度調整装置は，露出して設けられていないこと.

④ 弁体を開放することなく信号または警報の機能を点検できる装置を有すること.

　(4)が誤り.

　(4)の規定は，乾式流水検知装置および予作動式流水検知装置に適用され，湿式流水検知装置には適用されない.

問 37 (4)

① 流速 4.5 m/s の加圧水などを流水した場合に連続して信号または警報を発し，かつ，流水停止の場合に信号または警報が停止すること.

② 最低使用圧力における不作動水量（信号または警報を発しない本体内の最大の流水量として定められたものをいう）で流水開始しても信号または警報を発しないこと.

③ 一次側に瞬間的な圧力変動が生じた場合に連続して信号または警報を発しないこと.

④ ウォーター・モーター・ゴングは，1 m 離れた位置で，90 dB 以上の音量があること.

　(4)が誤り.

　ウォーター・モーター・ゴングは，3 m 離れた位置で，90 dB 以上の音量があること.

問38 **(4)**

① 弁体を開放することなく信号または警報の機能を点検できる装置を有すること.

② 二次側に加圧空気を補充できること.

③ 二次側に予備水を必要とするものにあっては,予備水の必要水位を確保する装置を有すること.

④ 加圧送水装置を起動させるものにあっては,逆止弁構造を有すること.

(4)が誤り.

(4)は湿式流水検知装置の規定である.

問39 **(2)**

① 一斉開放弁の最高使用圧力は,呼びが10Kの場合,1.0 MPa 以上 1.4 MPa 以下でなければならない.

② 一斉開放弁の最高使用圧力は,呼びが16Kの場合,1.6 MPa 以上 2.0 MPa 以下でなければならない.

③ 一斉開放弁の弁箱の耐圧力は,呼びが10Kの場合,2.0 MPa の圧力を2分間加えた場合,漏水,変形,損傷または破壊を生じないものでなければならない.

④ 一斉開放弁の弁箱の耐圧力は,呼びが16Kの場合,3.2 MPa の圧力を2分間加えた場合,漏水,変形,損傷または破壊を生じないものでなければならない.

(2)が誤り.

一斉開放弁の最高使用圧力は,呼びが16Kの場合,1.6 MPa 以上 2.2 MPa 以下でなければならない.

問40 (4)

① 一斉開放弁（配管との接続部の内径が 300 mm を超えるものを除く）は，スプリンクラー設備，水噴霧消火設備，泡消火設備の配管途中に設けられている弁で，消火に必要な区域のすべてのヘッドに送水する制御弁として用いられる.

② 弁体は，常時閉止の状態にあり，起動装置の作動により開放すること.

③ 弁体を開放したあとに通水が中断した場合においても，再び通水できること.

④ 一斉開放弁は，起動装置を作動させた場合，10 秒（内径が 200 mm を超えるものにあっては，60 秒）以内に開放するものでなければならない.

(4)が誤り.

一斉開放弁は，起動装置を作動させた場合，15 秒（内径が 200 mm を超えるものにあっては，60 秒）以内に開放するものでなければならない.

問41 (1)

① 製造年月

② 種別および型式番号

③ 流水方向を示す矢印

④ 製造番号

(1)が誤り.

製造年だけで月の表示は不要.

2-5 特定駐車場用泡消火設備

特定駐車場

問 42 **(2)**

☒ 昇降機などの機械装置により車両を駐車させる構造のもので,車両の収容台数が 20 台,床面から天井の高さ 12 m

○ 2 階で床面積 250 m²,床面から天井の高さ 6 m の平面式駐車場

☒ 1 階で床面積 400 m²,床面から天井の高さ 8 m の平面式駐車場

☒ 地階で床面積 150 m²,床面から天井の高さ 8 m の平面式駐車場

(2)が特定駐車場用泡消火設備の設置対象となる.

特定駐車場用泡消火設備の設置対象となるものは,次に掲げるものをいう.

① 平面式駐車場の床面積が,地階又は 2 階以上の階にあっては 200 m² 以上,一階にあっては 500 m² 以上,屋上部分にあっては 300 m² 以上のもののうち,床面から天井までの高さが 10 m 以下の部分.

② 昇降機等の機械装置により車両を駐車させる構造のもので,車両の収容台数が 10 以上のもののうち,床面から天井までの高さが 10 m 以下のもの.

特定駐車場用泡消火設備の種類

問43 **(3)**

① 単純型平面式泡消火設備とは，平面式特定駐車場において閉鎖型泡水溶液ヘッドを用いる特定駐車場用泡消火設備をいう．

② 感知継手開放ヘッド併用型平面式泡消火設備とは，平面式特定駐車場において閉鎖型泡水溶液ヘッド，開放型泡水溶液ヘッド及び感知継手（火災の感知と同時に内蔵する弁体を開放し，開放型泡水溶液ヘッドまたは泡ヘッドに泡水溶液を供給する継手をいう）を用いる特定駐車場用泡消火設備をいう．

③ 一斉開放弁開放ヘッド併用型平面式泡消火設備とは，平面式特定駐車場において閉鎖型泡水溶液ヘッド，泡ヘッド及び感知継手を用いる特定駐車場用泡消火設備をいう．

④ 機械式泡消火設備とは，機械式特定駐車場において閉鎖型泡水溶液ヘッド，開放型泡水溶液ヘッド，泡ヘッド，火災感知用ヘッド，閉鎖型スプリンクラーヘッド，一斉開放弁及び感知継手を用いる特定駐車場用泡消火設備をいう．

(3)が誤り．

(3)は，感知継手泡ヘッド併用型平面式泡消火設備の記述であり，正しい説明文は次のとおり．

感知継手泡ヘッド併用型平面式泡消火設備とは，平面式特定駐車場において閉鎖型泡水溶液ヘッド，泡ヘッド及び感知継手を用いる特定駐車場用泡消火設備をいう．

一斉開放弁開放ヘッド併用型平面式泡消火設備とは，平面式特定駐車場において閉鎖型泡水溶液ヘッド，開放型泡水溶液ヘッド，火災感知用ヘッド，閉鎖型スプリンクラーヘッド及び一斉開放弁を用いる特定駐車場用泡消火設備をいう．

問 44　(3)

閉鎖型泡水溶液ヘッドの同時開放個数は次の式より求める.

$$N = 10 \times 2.3^2 \div r^2$$

　　r：閉鎖型泡水溶液ヘッドの有効感知範囲の半径（単位 m）

　　N：閉鎖型泡水溶液ヘッドの個数（小数点以下は切り上げる.）（単位　個）

$$N = 10 \times 2.3^2 \div 2.8^2 = 6.75$$

ただし，個数が 8 以下の場合にあっては，8 という規定になっているので，8 個となる.

　　8 個 × 80 L/min × 10 分間 ＋ 配管充満量 ＝ 6 400 L ＋ 配管充満量

ゆえに，⑶が正しい.

3 消防関係法令

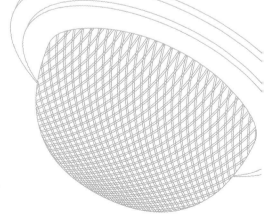

3章のおさらい

この章は消防用設備等に関する法令の部分である.

消防法,消防組織法,消防法施行令,消防法施行規則,危険物の規制に関する政令,危険物の規制に関する規則,規格省令,建築基準法,建築基準法施行令,火災予防条例などの広範囲の法令が関連している.

覚え方としては,まず,法令の語句を覚える必要がある.

3章の確認　(1) 各類に共通する部分

●消防法の体系,目的,用語の定義

□消防法の体系

```
消防法 ── 消防法施行令 ───────────── 消防法施行規則

       ── 危険物の規制に関する政令 ── 危険物の規制に関する規則

       ──────────────────── 規格省令

       ── 火災予防条例 ──────────── 火災予防条例施行規則
```

図 3.1

□目的

消防法第 1 条

この法律は,火災を予防し,警戒し及び鎮圧し,国民の生命,身体及び財産を火災から保護するとともに,火災又は地震等の災害による被害を軽減するほか,災害等による傷病者の搬送を適切に行い,もつて安寧秩序を保持し,社会公共の福祉の増進に資することを目的とする.

□用語の定義

下記の用語の定義は,理解して覚えること.

防火対象物,消防対象物⇒高層建築物, 特定 防火対象物,複合用途防火対象物,特定 1 階段等防火対象物, 無窓 階, 避難 階

関係者⇒所有者,管理者, 占有 者

関係のある場所

危険物⇒ 指定 数量,少量危険物

指定可燃物

耐火構造，準耐火構造，防火構造⇒　主要　構造部

内装制限⇒不燃材料，準不燃材料，難燃材料

避難階

➡ P.148 参照

●消防行政

□国の行政機関

消防庁の長は，　消防庁長官　である.

□消防機関

消防機関は，市町村ごとに設けられる. 次に掲げる機関の全部または一部を設けることとされている.

⑴　消防本部（長は　消防長　）

⑵　消防署（長は　消防署長　）

⑶　消防団（長は　消防団長　）

□火災の予防

・屋外においての火災の予防の措置命令ができるのは，　消防長　，　消防署長　，　消防吏員　である.

・関係者が確知できない場合は，　消防長　，　消防署長　が消防職員に措置をとらせることができる.

・火災予防のために，　消防長　，　消防署長　は関係者に資料提出命令及び消防職員に立ち入り検査を行わせることができる.

・建築基準法の規定による確認を行う指定確認検査機関は，所在地を管轄する消防長又は消防署長の　同意　を得なければ，当該許可，認可，確認をすることができない.

□防火管理者

　防火管理者　とは消防法に定める国家資格であり，防火上必要な業務を適切に遂行でき，従業員を管理・監督・統括できる地位にある者で，防火対象物の管理権原者から選任されて，その防火対象物の防火上の管理・予

防・消防活動を行うものをいう.

防火対象物は, 甲種 と 乙種 の種類がある. また, 防火管理者も 甲種 と 乙種 があり, 甲種防火対象物には甲種防火管理者の資格が必要であり, 乙種防火対象物は甲種または, 乙種の資格が必要である.

□統括防火管理者

統括防火管理者 とは, 雑居ビルなど管理権原が分かれている一定規模以上の建物において, 建物全体の防火管理業務を行う防火管理者をいう.

□防火対象物の点検と報告

防火対象物のうち, 火災の予防上必要があるものの管理について, 権原を有する者は, 定期に, 防火対象物点検資格者 に, 点検させ, その結果を消防長又は消防署長に報告しなければならない.

□防炎対象品

高層建築物若しくは地下街又は劇場, キャバレー, 旅館, 病院その他の政令で定める防火対象物において使用する 防炎対象物品 (どん帳, カーテン, 展示用合板その他これらに類する物品をいう) は, 防炎性能を有するものでなければならない.

□圧縮アセチレンガス, 液化石油ガス

圧縮アセチレン ガス, 液化石油 ガス, その他の火災予防又は消火活動に重大な支障を生ずるおそれのある物質を, 一定の数量以上の量を貯蔵し, 又は取り扱う者は, あらかじめ, その旨を所轄消防長又は消防署長に届け出なければならない.

□少量危険物, 指定可燃物

危険物について, その危険性を勘案して, 指定数量未満の危険物及び指定可燃物, その他指定可燃物に類する物品の貯蔵及び取扱いの技術上の基準は, 市町村条例 でこれを定める.

指定可燃物とは, 綿花類・木毛やかんなくず・ぼろ及び紙くず・石炭・木炭類・

引火点が高い可燃性液体や固体などが一定の数量以上の量のものをいう.

□危険物

　　 指定数量 　以上の危険物は，貯蔵所以外の場所でこれを貯蔵し，又は製造所，貯蔵所及び取扱所以外の場所でこれを取り扱つてはならない．ただし，所轄消防長又は消防署長の承認を受けて指定数量以上の危険物を，　　 10 　　 日以内の期間，仮に貯蔵し，又は取り扱う場合は，この限りでない.

⇒　P.149 参照

● 消防の設備等

□消防用設備等

(1)　消防用設備等

①　防火対象物の関係者は，消防用設備等について消火，避難その他の消防の活動のために必要とされる性能を有するように，　 設置 　し，及び　 維持 　しなければならない.

②　市町村は，その地方の気候又は風土の特殊性により，消防用設備等の技術上の基準の規定のみによっては防火の目的を充分に達し難いと認めるときは，条例で，規定と　 異なる 　規定を設けることができる.

③　防火対象物の関係者が，技術上の基準に従って設置し，及び維持しなければならない消防用設備等に代えて，特殊の消防用設備等その他の設備等（以下「 特殊消防用設備等 」という．）であつて，当該消防用設備等と同等以上の性能を有し，かつ，当該関係者が特殊消防用設備等の設置及び維持に関する計画（以下「 設備等設置維持計画 」という．）に従って設置し，及び維持するものとして，総務大臣の認定を受けたものを用いる場合には，当該消防用設備等（それに代えて当該認定を受けた特殊消防用設備等が用いられるものに限る．）については，前②項の規定は，適用しない.

(2)　消防設備等の種類には，大きく分けて，次の4種類がある.

①　消防の用に供する設備

②　消防用水

③　消火活動上必要な設備

④　必要とされる防火安全性能を有する消防の用に供する設備等

(3)　総合操作盤

高層の建築物，大規模な建築物，その他の防火対象物に設置される消防用設備等には，当該設備の監視，操作等を行うことができる 総合操作盤 を，当該設備を設置している防火対象物の防災センター，中央管理室，守衛室，その他これらに類する場所（常時人がいる場所に限る．）に設けること．

(4)　消防用設備等の設置単位

消防用設備等の設置単位は， 棟 であり， 敷地 ではない．ただし，例外規定がある．

(5)　特殊消防用設備等

特殊消防用設備等の認定を受けようとする者は，あらかじめ，日本消防検定協会，又は法人であって総務大臣の登録を受けたものが行う性能評価を受けなければならない．

総務大臣は，前項の規定により認定をしようとするときは，その旨を関係 消防長 又は関係 消防署長 に通知しなければならない．

□既存の防火対象物への適用除外

消防用設備等の設置基準が変更された場合，既存の防火対象物は 従前 の規定を適用する．

□既存の防火対象物への適用除外がされない場合

法律は不遡及が原則であるが，遡及する場合もある（適用除外されない）．

□届出，検査

特定防火対象物，その他の政令で定めるものの関係者は，技術上の基準又は設備等設置維持計画に従って設置しなければならない消防用設備等又は特殊消防用設備等を設置したときは，その旨を消防長又は消防署長に届け出て，検査を受けなければならない．

検査を受けようとする防火対象物の 関係者 は，当該防火対象物における消防用設備等又は特殊消防用設備等の設置に係る工事が完了した場合において，その旨を工事が完了した日から 4日 以内に消防長又は消防署長に届け出なければならない．

□点検

消防用設備等又は特殊消防用設備等は，定期に，当該防火対象物のうち政令で定めるものにあっては消防設備士又は消防設備点検資格者に点検させ，その他のものにあっては自ら点検し，その結果を消防長又は消防署長に報告しなければならない．

防火対象物の関係者は，点検を行った結果を，維持台帳に記録するとともに，防火対象物の区分に従い，一定の 期間 ごとに消防長又は消防署長に報告しなければならない．ただし，特殊消防用設備等にあっては，設備等設置維持計画に定める点検の結果についての報告の期間ごとに報告しなければならない．

⟹ P.154 参照

●消防設備士

□消防設備士

消防用設備等は，火災の発生時にその機能が確実に発揮される必要があることから，一定の消防用設備等の工事又は整備については， 消防設備士 でなければ行ってはならないとされている．

□消防設備士の免状の種類

消防設備士免状の種類は， 甲種 消防設備士免状及び 乙種 消防設備士免状がある．

甲種消防設備士が行うことができるのは， 工事 及び 整備 であり，指定区分は特類，第1類，第2類，第3類，第4類，第5類となっている．

乙種消防設備士が行うことができるのは， 整備 であり，指定区分は第1類，第2類，第3類，第4類，第5類，第6類，第7類となっている．

□消防設備士免状の交付

消防設備士の免状の交付は 都道府県知事 が行う．

□消防設備士の再講習

講習の受講期限は，免状の交付を受けた日以後における最初の4月1日か

ら $\boxed{2}$ 年以内に受けなければならない. 講習を受けた日以後にお
ける最初の 4 月 1 日から $\boxed{5}$ 年以内に受けなければならない. 当
該講習を受けた日以降においても同様とする.

注. 1 回目の講習は 2 年以内, 2 回目以降は 5 年以内ごとに受講しなけ
ればならない.

□消防設備士の業務

消防設備士は, その業務に従事するときは, 消防設備士免状を $\boxed{携帯}$
していなければならない.

□着工届

甲種消防設備士は, 工事をしようとするときは, その工事に着手しようと
する日の $\boxed{10}$ 日前までに, 工事整備対象設備等の種類, 工事の場
所その他必要な事項を消防長又は消防署長に届け出なければならない.

⇔ P.158 参照

● 消防の用に供する機械器具等の検定等

□消防の用に供する機械器具等の $\boxed{検定}$

消防の用に供する機械器具等は, 火災のときに確実にその機能を発揮でき
るものである必要性から, 検定制度が設けられている.

□型式承認

型式承認とは, 検定対象機械器具等の型式に係る形状等が総務省令で定め
る検定対象機械器具等に係る技術上の規格に適合している旨の承認をい
う. $\boxed{総務大臣}$ が審査し, 型式承認を行う.

□型式適合検定

型式適合検定とは, 検定対象機械器具等の形状等が型式承認を受けた検定
対象機械器具等の型式に係る形状等に適合しているかどうかについて総
務省令で定める方法により行う検定をいう.

□自主表示対象機械器具等の表示等

| 自主表示 | とは，製造事業者等の責任において，自ら規格適合性を確認し，あらかじめ総務大臣に届出を行った型式について表示を付すことが認められるものである．

➡ P.160 参照

3章の確認 (2) 第2類に関する部分

□泡消火設備

泡消火設備とは，水による消火が適さない油火災などの消火に使用される．危険物の製造所等では，泡消火設備は | 第3種 | 消火設備に区分されている．

□設置基準

令別表第1に掲げられている防火対象物に設置されるものは，駐車場の部分が多い．

危険物の製造所等は，延べ面積，取り扱う危険物の量，危険物を取り扱う場所の地盤面からの高さ等により，下記のように区分される．

(1) | 著しく | 消火困難な製造所等

(2) 消火困難な製造所等

(3) その他の製造所等

泡消火設備は，著しく消火困難な製造所等に設置される．設置される基準は下記のように記憶したらよいと思われる．ただし，危険物の種別は考慮していないので注意．（抜粋）

製造所・一般取扱所

・延べ面積 | 1 000 | m²以上のもの

・指定数量 | 100 | 倍以上の危険物を取り扱うもの

・地盤面から | 6 | m以上の部分で危険物を取り扱う設備

屋内貯蔵所

・延べ面積 | 150 | m²以上

・指定数量 | 150 | 倍以上の危険物を貯蔵，若しくは取り扱うもの

・軒高が | 6 | m以上の平屋建若しくは屋内貯蔵所

屋外タンク貯蔵所

・液表面積が 40 m² 以上のもの

・高さが 6 m 以上のもの

・地中タンク

・海上タンク

屋内タンク貯蔵所

・液表面積が 40 m² 以上のもの

・高さが 6 m 以上のもの

給油取扱所

・顧客に自ら給油等をさせる給油取扱所

P.161 参照

note

3-1　各類に共通する部分

消防法の体系，目的，用語の定義

問1

　消防関係の用語についての記述で，誤っているものは次のうちどれか．
(1)　高層建築物とは，高さ 41 m を超える建築物をいう．
(2)　防火対象物とは，山林又は舟車，船きょ若しくはふ頭に繋留された船舶，建築物その他の工作物若しくはこれらに属する物をいう
(3)　消防対象物とは，山林又は舟車，船きょ若しくはふ頭に繋留された船舶，建築物その他の工作物又は物件をいう．
(4)　関係者とは，防火対象物又は消防対象物の所有者，管理者又は占有者をいう．

問2

　消防関係の用語についての記述で，誤っているものは次のうちどれか．
(1)　避難階とは，直接地上に通じる出入口のある階をいう．1 階のことをいう．
(2)　特定防火対象物とは，百貨店，旅館，病院，地下街，複合用途防火対象物，その他の防火対象物で多数の者が出入するものをいう．
(3)　特定 1 階段等防火対象物とは，避難階以外の階に特定用途が存する防火対象物で，当該避難階以外の階から避難階又は地上に直通する階段が 2 以上設けられていないものをいう．
(4)　無窓階とは，建築物の地上階のうち，避難上又は消火活動上有効な開口部を有しない階をいう．

問3

　次の組合せで，すべてが特定防火対象物であるものはどれか．
(1)　ホテル，公会堂，小学校，カラオケボックス
(2)　映画館，集会場，料理店，幼稚園
(3)　病院，老人ホーム，幼稚園，映画スタジオ
(4)　集会場，図書館，展示場，地下街

問4

　次の防火対象物で，特定1階段等防火対象物になるものはどれか．
(1)　避難階以外の階に飲食店があり，避難階または地上に直通する内階段が1しかない防火対象物．
(2)　避難階以外の階に集会所があり，避難階または地上に直通する外階段が1しかない防火対象物．
(3)　避難階以外の階に寄宿舎があり，避難階または地上に直通する内階段が1しかない防火対象物．
(4)　避難階以外の階に映画スタジオがあり，避難階または地上に直通する内階段が1しかない防火対象物．

消防行政

問5

　市町村は消防事務を処理する機関として，消防本部，消防署，消防団の全部又は一部を設けなければならないとされているが，誤っているものは次のうちどれか．
(1)　消防署のみを設けている市町村がある．
(2)　消防本部がない市町村もある．
(3)　消防本部と消防署を設けている市町村がある．
(4)　消防団のみを設けている市町村がある．

問6

　火災の予防について，消防長，消防署長ができる業務についての記述で，消防吏員でもできる業務は次のうちどれか.

(1)　所在地を管轄する建築物の新築，増築，改築，移転，修繕，模様替，用途の変更若しくは使用について許可，認可若しくは確認をする権原を有する行政庁若しくはその委任を受けた者又は建築基準法の規定による確認を行う指定確認検査機関の同意依頼があった場合の同意，不同意.

(2)　火災予防のために必要があるときは，関係者に対して資料の提出を命じ，若しくは報告を求め，又は当該消防職員にあらゆる仕事場，工場若しくは公衆の出入する場所その他の関係のある場所に立ち入って，検査させ，若しくは関係のある者に質問させることができる.

(3)　屋外において火災の予防に危険であると認める行為者又は火災の予防に危険であると認める物件若しくは消火，避難その他の消防の活動に支障になると認める物件の所有者，管理者若しくは占有者で権原を有する者に対して，必要な措置をとるべきことを命ずることができる.

(4)　火災の予防に危険であると認める物件又は消火，避難その他の消防の活動に支障になると認める物件の関係者を確知することができないため，これらの者に対し，必要な措置をとるべきことを命ずることができないときは，それらの者の負担において，当該消防職員に，当該物件についての措置をとらせることができる.

問7

消防同意についての記述で，誤っているものは次のうちどれか.

(1) 消防同意とは，建築確認の際に，防火に関する規定に違反がないかどうかを消防機関が審査を行い，違反がなければ同意を与えるものである.

(2) 消防機関に同意を依頼するのは建築主である.

(3) 同意を与えるのは，消防長，消防署長である. 消防本部を置かない市町村では市町村長が同意を与える.

(4) 消防同意の依頼があれば，消防機関は7日（一般住宅は3日）以内に同意（不同意）を通知しなければならない.

問8

次の記述のうち，誤っているものはどれか.

(1) 防火管理者とは消防法に定める国家資格であり，防火上必要な業務を適切に遂行でき，従業員を管理・監督・統括できる地位にある者で，防火対象物の管理権原者から選任されて，その防火対象物の防火上の管理・予防・消防活動を行うものをいう.

(2) 統括防火管理者とは雑居ビルなど管理権原が分かれている一定規模以上の建物において，建物全体の防火管理業務を行う防火管理者をいう.

(3) 防火管理者，統括防火管理者を定めたときは，遅滞なくその旨を所轄消防長又は消防署長に届け出なければならない.

(4) 防火対象物のうち火災の予防上必要があるものの管理について権原を有する者は，定期に，防火管理者に点検させ，その結果を消防長又は消防署長に報告しなければならない.

問9

　次の防火対象物で，防火管理者を選任しなくてもよい防火対象物はどれか.
(1)　特定用途を含まない複合用途防火対象物で収容人員が 45 人のもの.
(2)　特定用途を含む複合用途防火対象物で収容人員が 35 人のもの.
(3)　新築中の建築物で，延べ面積が 55 000 m² で，収容人員が 80 人のもの.
(4)　養護老人ホームを含む複合用途防火対象物で収容人員が 15 人のもの.

問10

　防火管理者の責務として規定されていないものは次のうちどれか.
(1)　避難又は防火上必要な構造及び設備の維持管理.
(2)　消火，通報及び避難の訓練の実施.
(3)　防火管理に係る消防計画の作成.
(4)　消防の用に供する設備，消防用水又は消火活動上必要な施設の点検，整備及び修理.

問 11

　防火対象物のうち火災の予防上必要があるものの管理について権原を有するものは，定期に，防火対象物点検資格者に点検させ，その結果を消防機関に報告しなければならないが，点検をしなくてもよい防火対象物は次のうちどれか．ただし，避難階は 1 階とし，階段はすべて避難階に直通するものとする．

(1)　屋内階段が 2 である地階を除く階数が 2 の飲食店で，収容人員が 350 人のもの．

(2)　屋内階段が 2 である地階を除く階数が 2 のホテルで，収容人員が 250 人のもの．

(3)　屋内階段が 2 である地階を除く階数が 2 の養護老人ホームで，収容人員が 20 人のもの．

(4)　屋内階段が 2 である地階を除く階数が 4 の複合用途防火対象物で 4 階にカラオケボックスがあり，カラオケボックスの収容人員が 40 人のもの．

問 12

　防火対象物において使用する次のものは，防炎性能を有するものでなければならないが，しなくてもよいものはどれか．

(1)　美術館で使用するカーテン

(2)　小学校の工事に使用する工事用シート

(3)　旅館で使用するじゅうたん

(4)　劇場の舞台部で使用する幕

問 13

　圧縮アセチレンガス，液化石油ガス等の物品と貯蔵量の組合せのうち，所轄消防長又は消防署長に届けなければならないもので，正しいものは次のうちどれか．
(1)　生石灰（酸化カルシウム 80 ％以上）－ 400 kg
(2)　液化石油ガス－ 200 kg
(3)　圧縮アセチレンガス－ 50 kg
(4)　無水硫酸－ 100 kg

消防の設備等

問 14

　消防用設備等の種類についての記述で，誤っているものは次のうちどれか．
(1)　パッケージ型消火設備は，必要とされる防火安全性能を有する消防の用に供する設備等の種類に区分される．
(2)　無線通信補助設備は，消火活動上必要な施設の種類に区分される．
(3)　防火水槽は，消防用水の種類に区分される．
(4)　連結散水設備は，消防の用に供する設備のうちの消火設備の種類に区分される．

問 15

　消防の用に供する設備についての記述で，誤っているものは次のうちどれか．
(1)　乾燥砂および膨張ひる石は，消火設備の種類に区分される．
(2)　放送設備は，警報設備の種類に区分される．
(3)　誘導灯および誘導標識は，避難設備の種類に区分される．
(4)　動力消防ポンプは，避難設備の種類に区分される．

問16

次の記述のうち，誤っているものはどれか．

(1) 延べ面積が 900 m² の地下街には，総合操作盤を設置しなければならない．

(2) 消防用設備等の設置単位は，棟であり，敷地ではない．ただし，例外規定がある．

(3) 特殊消防用設備等の認定を受けようとする者は，あらかじめ，日本消防検定協会，または法人であって総務大臣の登録を受けたものが行う性能評価を受けなければならない．

(4) 消防用設備等の設置基準が変更された場合，既存の防火対象物は従前の規定を適用する．

問17

消防用設備等の技術上の基準に関する政令若しくはこれに基づく命令の規定が改正されたとき，既存の防火対象物は従前の規定が適用されるが，適用が除外されないものがある．適用が除外されないものとして，誤っているものは次のうちどれか．

(1) 小学校に設置された非常警報設備

(2) 美術館に設置された屋内消火栓設備

(3) ホテルに設置された自動火災報知設備

(4) 飲食店に設置されたガス漏れ火災報知設備

問 18

　法令の改正後の規定が除外されない防火対象物で，誤っているもの
は次のうちどれか．

(1)　特定防火対象物における消防用設備等．

(2)　法令改正後に，基準時における当該防火対象物の延べ床面積が
　　1 000 m² であるものに，増築をして延べ床面積が 1 600 m² にな
　　るもの．

(3)　法令改正後に，基準時における当該防火対象物の延べ床面積が
　　2 000 m² であるものに，増築をして延べ床面積が 2 900 m² にな
　　るもの．

(4)　法令の改正後の規定の適用の際，当該規定に相当する従前の規定
　　に適合していない消防用設備等．

問 19

　特定防火対象物その他の政令で定めるものの関係者は，技術上の基
準又は設備等設置維持計画に従って設置しなければならない消防用設
備等又は特殊消防用設備等を設置したときは，その旨を消防長又は消
防署長に届け出て，検査を受けなければならないが，受けなくてもよ
いものは次のうちどれか．

(1)　カラオケボックスで，床面積 250 m² の防火対象物

(2)　旅館で，床面積 250 m² の防火対象物

(3)　飲食店で，床面積 300 m² の防火対象物

(4)　映画館で，床面積 250 m² の防火対象物

問20

　消防用設備等又は特殊消防用設備等は，定期に，当該防火対象物のうち政令で定めるものにあっては消防設備士又は消防設備点検資格者に点検させ，その他のものにあっては自ら点検し，その結果を消防長又は消防署長に報告しなければならないが，次の記述のうち，誤っているものはどれか．

(1) 点検をしなければならない防火対象物は，消防用設備等の設置が義務付けられているものである．

(2) 延べ面積が 1 500 m² の展示場は，有資格者でなくても点検できる．

(3) 延べ面積が 900 m² の病院の点検報告の期間は，1 年に 1 回である．

(4) 点検の期間は，機器点検が 6 か月ごと，総合点検が 1 年ごとに行わなければならない．

問21

　消防設備士が点検できる消防用設備等の種類についての記述で，誤っているものは次のうちどれか．

(1) パッケージ型消火設備及びパッケージ型自動消火設備は，第 1 類，第 2 類及び第 3 類の消防設備士でも点検できる．

(2) 非常警報設備，排煙設備，非常コンセント設備，無線通信補助設備，共同住宅用非常コンセント設備及び加圧防排煙設備は，第 4 類及び第 7 類の消防設備士でも点検できる．

(3) 金属製避難はしご，救助袋及び緩降機は，第 5 類の消防設備士でなければ点検できない．

(4) 連結散水設備及び連結送水管は，第 2 類の消防設備士は点検できない．

消防設備士

問22

消防設備士でなければ行ってはならない工事又は整備についての記述で，誤っているものは次のうちどれか．
(1) 屋内消火栓設備，スプリンクラー設備の配管工事は，消防設備士でなくてもできる．
(2) パッケージ型消火設備は，第3類の消防設備士では設置工事ができない．
(3) 自動火災報知設備の配線工事は，消防設備士でなくてもできる．
(4) 消火器の設置は，消防設備士でなくてもできる．

問23

消防設備士の免状の交付についての記述で，誤っているものは次のうちどれか．
(1) 消防設備士免状の交付を受けようとする者は，申請書に総務省令で定める書類を添えて，当該免状に係る消防設備士試験を行った都道府県知事に提出しなければならない．
(2) 免状の交付を受けている者は，免状の記載事項に変更を生じたときは，遅滞なく，当該免状を交付した都道府県知事にその書換えを申請しなければならない．
(3) 免状の交付を受けている者は，免状を亡失し，滅失し，汚損し，又は破損した場合には，当該免状の交付又は書換えをした都道府県知事にその再交付を申請することができる．
(4) 免状を亡失してその再交付を受けた者は，亡失した免状を発見した場合には，これを10日以内に免状の再交付をした都道府県知事に提出しなければならない．

問24

消防設備士の免状の記載事項についての記述で，誤っているものは次のうちどれか．

(1) 過去10年以内に撮影した写真
(2) 本籍地の属する都道府県
(3) 氏名及び生年月日
(4) 現住所

問25

消防設備士についての記述で，誤っているものは次のうちどれか．

(1) 消防設備士は，都道府県知事が行う工事整備対象設備等の工事又は整備に関する講習を受けなければならない．講習の受講期限は，免状の交付を受けた日以後における最初の4月1日から5年以内に受けなければならない．当該講習を受けた日以降においても同様とする．
(2) 消防設備士は，その業務を誠実に行い，工事整備対象設備等の質の向上に努めなければならない．
(3) 消防設備士は，その業務に従事するときは，消防設備士免状を携帯していなければならない．
(4) 甲種消防設備士は，工事をしようとするときは，その工事に着手しようとする日の10日前までに，工事整備対象設備等の種類，工事の場所その他必要な事項を消防長又は消防署長に届け出なければならない．

消防の用に供する機械器具等の検定等

問 26

　次の消防の用に供する機械器具のうち，検定対象機械器具等でない
ものはどれか．
(1)　消火器
(2)　住宅用防災警報器
(3)　火災報知設備の受信機
(4)　水溶性液体用泡消火薬剤

問 27

　検定対象機械器具等の型式に係る形状等が総務省令で定める検定対
象機械器具等に係る技術上の規格に適合している旨の承認を行うもの
として，正しいものは次のうちどれか．
(1)　日本消防検定協会
(2)　総務大臣
(3)　都道府県知事
(4)　消防庁長官

問 28

　泡消火設備を構成しているもので，検定対象器具でないものは次の
うちどれか．
(1)　泡ヘッド
(2)　泡消火薬剤
(3)　閉鎖型スプリンクラーヘッド
(4)　一斉開放弁

3-2 第2類に関する部分

設置基準

問 29

　図のような駐車場に泡消火設備を設置する場合についての記述で，正しいものは次のうちどれか．ただし，駐車するすべての車両が同時に屋外に出ることができない構造のものとする．

(1)　1階と地階だけ設置しなければならない．

(2)　1階と2階だけ設置しなければならない．

(3)　地階と2階だけ設置しなければならない．

(4)　3階以外はすべて設置しなければならない．

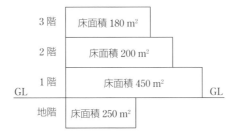

問 30

　製造所等に設置される消火設備の区分と消火設備の種類の組合せとして，誤っているものは次のうちどれか．

(1)　第1種消火栓設備とは，屋内消火栓設備又は屋外消火栓設備をいう．

(2)　第2種消火設備とは，泡消火設備をいう．

(3)　第3種消火設備とは，水蒸気消火設備又は水噴霧消火設備などをいう．

(4)　第4種消火設備とは，大型消火器をいう．

問31

　危険物の消火に適用できる第3種の消火設備で，泡消火設備が適用できないものは次のうちどれか.

(1)　第1類の危険物（アルカリ金属の過酸化物又はこれらを含有するもの以外）

(2)　第2類の危険物（鉄紛，金属粉若しくはマグネシウム又はこれらのいずれかを含有するもの以外）

(3)　第3類の危険物

(4)　第4類の危険物

問32

　屋外貯蔵タンクで，第3種消火設備を設置しなくてもよいものは次のうちどれか. ただし，液体の危険物（第6類の危険物を除く.）を貯蔵するものとする（高引火点危険物のみを 100 ℃未満の温度で貯蔵し，または取り扱うものを除く）.

(1)　液表面積が 20 m² で高さが 6 m のもの.

(2)　液表面積が 30 m² で高さが 5 m のもの.

(3)　液表面積が 35 m² で高さが 7 m のもの.

(4)　液表面積が 40 m² で高さが 4 m のもの.

note

3-1　各類に共通する部分

消防法の体系，目的，用語の定義

問1　(1)

- ✘ 高層建築物とは，高さ41mを超える建築物をいう．
- ② 防火対象物とは，山林又は舟車，船きょ若しくはふ頭に繋留された船舶，建築物その他の工作物若しくはこれらに属する物をいう
- ③ 消防対象物とは，山林又は舟車，船きょ若しくはふ頭に繋留された船舶，建築物その他の工作物又は物件をいう．
- ④ 関係者とは，防火対象物又は消防対象物の所有者，管理者又は占有者をいう．

(1)が誤り．
高層建築物とは，高さ31mを超える建築物をいう．

問2　(1)

- ✘ 避難階とは，直接地上に通じる出入口のある階をいう．1階のことをいう．
- ② 特定防火対象物とは，百貨店，旅館，病院，地下街，複合用途防火対象物，その他の防火対象物で多数の者が出入するものをいう．
- ③ 特定1階段等防火対象物とは，避難階以外の階に特定用途が存する防火対象物で，当該避難階以外の階から避難階又は地上に直通する階段が2以上設けられていないものをいう．
- ④ 無窓階とは，建築物の地上階のうち，避難上又は消火活動上有効な開口部を有しない階をいう．

(1)が誤り．
通常は1階が避難階に該当するが，斜面にある建物だと1階だけとは限らない．

問 3 (2)

- ✕ ホテル, 公会堂, 小学校, カラオケボックス
- ② 映画館, 集会場, 料理店, 幼稚園
- ✕ 病院, 老人ホーム, 幼稚園, 映画スタジオ
- ✕ 集会場, 図書館, 展示場, 地下街

(2)が正しい.
(1)は小学校が非特定防火対象物, (3)は映画スタジオが非特定防火対象物, (4)は図書館が非特定防火対象物である.

問 4 (1)

- ① 避難階以外の階に飲食店があり, 避難階または地上に直通する内階段が 1 しかない防火対象物.
- ✕ 避難階以外の階に集会所があり, 避難階または地上に直通する外階段が 1 しかない防火対象物.
- ✕ 避難階以外の階に寄宿舎があり, 避難階または地上に直通する内階段が 1 しかない防火対象物.
- ✕ 避難階以外の階に映画スタジオがあり, 避難階または地上に直通する内階段が 1 しかない防火対象物.

(1) 飲食店が特定用途のため, 特定 1 階段等防火対象物になる.
(2) 集会所は特定用途であるが, 外階段のため特定 1 階段等防火対象物にはならない.
(3) 寄宿舎は非特定用途のため, 特定 1 階段等防火対象物にはならない.
(4) 映画スタジオは非特定用途のため, 特定 1 階段等防火対象物にはならない.

消防行政

問5　(1)

(1) 消防署のみを設けている市町村がある.

(2) 消防本部がない市町村もある.

(3) 消防本部と消防署を設けている市町村がある.

(4) 消防団のみを設けている市町村がある.

(1)が誤り.

消防署のみを単独では置けないこととされている.

問6　(3)

(1) 所在地を管轄する建築物の新築, 増築, 改築, 移転, 修繕, 模様替, 用途の変更若しくは使用について許可, 認可若しくは確認をする権原を有する行政庁若しくはその委任を受けた者又は建築基準法の規定による確認を行う指定確認検査機関の同意依頼があった場合の同意, 不同意.

(2) 火災予防のために必要があるときは, 関係者に対して資料の提出を命じ, 若しくは報告を求め, 又は当該消防職員にあらゆる仕事場, 工場若しくは公衆の出入する場所その他の関係のある場所に立ち入って, 検査させ, 若しくは関係のある者に質問させることができる.

(3) 屋外において火災の予防に危険であると認める行為者又は火災の予防に危険であると認める物件若しくは消火, 避難その他の消防の活動に支障になると認める物件の所有者, 管理者若しくは占有者で権原を有する者に対して, 必要な措置をとるべきことを命ずることができる.

(4) 火災の予防に危険であると認める物件又は消火, 避難その他の消防の活動に支障になると認める物件の関係者を確知することができないため, これらの者に対し, 必要な措置をとるべきことを命ずることができないときは, それらの者の負担において, 当該消防職員に, 当該物件についての措置をとらせることができる.

(3)は消防吏員でもできる業務である. (1), (2), (4)は消防吏員ではできない業務である.

問7 (2)

① 消防同意とは，建築確認の際に，防火に関する規定に違反がないかどうかを消防機関が審査を行い，違反がなければ同意を与えるものである．

✗ 消防機関に同意を依頼するのは建築主である．

③ 同意を与えるのは，消防長，消防署長である．消防本部を置かない市町村では市町村長が同意を与える．

④ 消防同意の依頼があれば，消防機関は7日（一般住宅は3日）以内に同意（不同意）を通知しなければならない．

(2)が誤り．
消防機関に同意を依頼するのは建築主事等であり，建築主ではない．

問8 (4)

① 防火管理者とは消防法に定める国家資格であり，防火上必要な業務を適切に遂行でき，従業員を管理・監督・統括できる地位にある者で，防火対象物の管理権原者から選任されて，その防火対象物の防火上の管理・予防・消防活動を行うものをいう．

② 統括防火管理者とは雑居ビルなど管理権原が分かれている一定規模以上の建物において，建物全体の防火管理業務を行う防火管理者をいう．

③ 防火管理者，統括防火管理者を定めたときは，遅滞なくその旨を所轄消防長又は消防署長に届け出なければならない．

✗ 防火対象物のうち火災の予防上必要があるものの管理について権原を有する者は，定期に，防火管理者に点検させ，その結果を消防長又は消防署長に報告しなければならない．

(4)が誤り．
防火対象物のうち，火災の予防上必要があるものの管理について権原を有する者は，定期に，防火対象物点検資格者に点検させ，その結果を消防長又は消防署長に報告しなければならない．

問9　(1)

① 特定用途を含まない複合用途防火対象物で収容人員が 45 人のもの.
② 特定用途を含む複合用途防火対象物で収容人員が 35 人のもの.
③ 新築中の建築物で，延べ面積が 55 000 m² で，収容人員が 80 人のもの.
④ 養護老人ホームを含む複合用途防火対象物で収容人員が 15 人のもの.

(1)は選任しなくてもよい.
特定用途を含まない複合用途防火対象物は収容人員が 50 人以上だと防火管理者の選任が必要である.
(2)は収容人員が 30 人以上であれば必要.
(3)は収容人員が 50 人以上のもののうち，延べ面積が 50 000 m² 以上であれば必要.
(4)は収容人員が 10 人以上であれば必要.

問10　(4)

① 避難又は防火上必要な構造及び設備の維持管理.
② 消火，通報及び避難の訓練の実施.
③ 防火管理に係る消防計画の作成.
④ 消防の用に供する設備，消防用水又は消火活動上必要な施設の点検，整備及び修理.

(4)が誤り.
防火管理者の責務として規定されているのは，「消防の用に供する設備，消防用水又は消火活動上必要な施設の点検及び整備」であって，「修理」は規定されていない.

問11 (2)

- ✗ 屋内階段が2である地階を除く階数が2の飲食店で，収容人員が350人のもの.
- ② 屋内階段が2である地階を除く階数が2のホテルで，収容人員が250人のもの.
- ✗ 屋内階段が2である地階を除く階数が2の養護老人ホームで，収容人員が20人のもの.
- ✗ 屋内階段が2である地階を除く階数が4の複合用途防火対象物で4階にカラオケボックスがあり，カラオケボックスの収容人員が40人のもの.

(2)は点検しなくてもよい.

点検報告が必要な防火対象物は，特定防火対象物で下記のもの.

イ）　収容人員が300人以上のもの

ロ）　収容人員が30人（6項ロは10人）以上300人未満のもので下記のもの

・特定用途が3階以上の階又は地階に存するもの

・特定1階段のもの

問12 (1)

- ① 美術館で使用するカーテン
- ✗ 小学校の工事に使用する工事用シート
- ✗ 旅館で使用するじゅうたん
- ✗ 劇場の舞台部で使用する幕

(1)は防炎性能を有するものにしなくてよい.

特定防火対象物であれば防炎性能を有するものにしなければならないが，美術館は非特定防火対象物である.

問 13 (3)

☒ 生石灰（酸化カルシウム 80 ％以上）－ 400 kg
☒ 液化石油ガス－ 200 kg
③ 圧縮アセチレンガス－ 50 kg
☒ 無水硫酸－ 100 kg

(3)が正しい.
(3)は所轄消防長又は消防署長に届けなければならない.
圧縮アセチレンガスは 40 kg 以上を貯蔵し，または取り扱うものは，あらかじめ，その旨を所轄消防長または消防署長に届けなければならない.
そのほかのものは，次のとおり.
・生石灰（酸化カルシウム 80 ％以上）は 500 kg 以上
・液化石油ガスは 300 kg 以上
・無水硫酸は 200 kg 以上

消防の設備等

問 14 (4)

① パッケージ型消火設備は，必要とされる防火安全性能を有する消防の用に供する設備等の種類に区分される.
② 無線通信補助設備は，消火活動上必要な施設の種類に区分される.
③ 防火水槽は，消防用水の種類に区分される.
☒ 連結散水設備は，消防の用に供する設備のうちの消火設備の種類に区分される.

(4)が誤り.
連結散水設備は，消火活動上必要な施設に区分される.

問 15 (4)

① 乾燥砂および膨張ひる石は，消火設備の種類に区分される．
② 放送設備は，警報設備の種類に区分される．
③ 誘導灯および誘導標識は，避難設備の種類に区分される．
④ 動力消防ポンプは，避難設備の種類に区分される．

(4)が誤り．
動力消防ポンプは，消火設備に区分される．

問 16 (1)

① 延べ面積が 900 m² の地下街には，総合操作盤を設置しなければならない．
② 消防用設備等の設置単位は，棟であり，敷地ではない．ただし，例外規定がある．
③ 特殊消防用設備等の認定を受けようとする者は，あらかじめ，日本消防検定協会，または法人であって総務大臣の登録を受けたものが行う性能評価を受けなければならない．
④ 消防用設備等の設置基準が変更された場合，既存の防火対象物は従前の規定を適用する．

(1)が誤り．
延べ面積が 1 000 m² 以上の地下街には，総合操作盤を設置しなければならない．

問 17 (2)

① 小学校に設置された非常警報設備
② 美術館に設置された屋内消火栓設備
③ ホテルに設置された自動火災報知設備
④ 飲食店に設置されたガス漏れ火災報知設備

(2)は従前の規定が適用される．
美術館は，非特定防火対象物になるので，消防用設備等の設置基準が変更されても屋内消火栓設備は従前の規定が適用される．

問18　(3)

① 特定防火対象物における消防用設備等.

② 法令改正後に, 基準時における当該防火対象物の延べ床面積が1 000 m² であるものに, 増築をして延べ床面積が1 600 m² になるもの.

❌ 法令改正後に, 基準時における当該防火対象物の延べ床面積が2 000 m² であるものに, 増築をして延べ床面積が2 900 m² になるもの.

④ 法令の改正後の規定の適用の際, 当該規定に相当する従前の規定に適合していない消防用設備等.

(3)が誤り.

(3)は法令の改正後の規定が除外される防火対象物である.

法令の改正後, 増築又は改築に係る当該防火対象物の部分の床面積の合計が1 000 m² 以上となると改正後の法令が適用される.

問19　(4)

❌ カラオケボックスで, 床面積250 m² の防火対象物

❌ 旅館で, 床面積250 m² の防火対象物

❌ 飲食店で, 床面積300 m² の防火対象物

④ 映画館で, 床面積250 m² の防火対象物

(4)は検査を受けなくてもよい.

映画館は, 床面積300 m² 以上になると検査を受けなければならない.

(1)はすべて, (2)はすべて, (3)は300 m² 以上であれば検査を受けなければならない.

問20 (2)

① 点検をしなければならない防火対象物は，消防用設備等の設置が義務付けられているものである.

② 延べ面積が 1 500 m² の展示場は，有資格者でなくても点検できる.

③ 延べ面積が 900 m² の病院の点検報告の期間は，1 年に 1 回である.

④ 点検の期間は，機器点検が 6 か月ごと，総合点検が 1 年ごとに行わなければならない.

(2)が誤り.

(2)は有資格者でないと点検できない.

展示場は特定防火対象物なので，延べ面積が 1 000 m² 以上であれば，有資格者でないと点検できない.

問21 (4)

① パッケージ型消火設備およびパッケージ型自動消火設備は，第 1 類，第 2 類および第 3 類の消防設備士でも点検できる.

② 非常警報設備，排煙設備，非常コンセント設備，無線通信補助設備，共同住宅用非常コンセント設備および加圧防排煙設備は，第 4 類および第 7 類の消防設備士でも点検できる.

③ 金属製避難はしご，救助袋および緩降機は，第 5 類の消防設備士でなければ点検できない.

④ 連結散水設備および連結送水管は，第 2 類の消防設備士は点検できない.

(4)が誤り.

連結散水設備および連結送水管は，第 2 類の消防設備士でも点検できる.

消防設備士

問22 (2)

① 屋内消火栓設備，スプリンクラー設備の配管工事は，消防設備士でなくてもできる.

② パッケージ型消火設備は，第3類の消防設備士では設置工事ができない.

③ 自動火災報知設備の配線工事は，消防設備士でなくてもできる.

④ 消火器の設置は，消防設備士でなくてもできる.

(2)が誤り.

パッケージ型消火設備は，第3類の消防設備士でも設置工事ができる.

問23 (2)

① 消防設備士免状の交付を受けようとする者は，申請書に総務省令で定める書類を添えて，当該免状に係る消防設備士試験を行った都道府県知事に提出しなければならない.

② 免状の交付を受けている者は，免状の記載事項に変更を生じたときは，遅滞なく，当該免状を交付した都道府県知事にその書換えを申請しなければならない.

③ 免状の交付を受けている者は，免状を亡失し，滅失し，汚損し，又は破損した場合には，当該免状の交付又は書換えをした都道府県知事にその再交付を申請することができる.

④ 免状を亡失してその再交付を受けた者は，亡失した免状を発見した場合には，これを10日以内に免状の再交付をした都道府県知事に提出しなければならない.

(2)が誤り.

免状の交付を受けている者は，免状の記載事項に変更を生じたときは，遅滞なく，当該免状を交付した都道府県知事又は居住地若しくは勤務地を管轄する都道府県知事にその書換えを申請しなければならない.

問 24 (4)

① 過去 10 年以内に撮影した写真
② 本籍地の属する都道府県
③ 氏名及び生年月日
④ 現住所

(4)が誤り.
現住所の記載事項はない.

問 25 (1)

① 消防設備士は, 都道府県知事が行う工事整備対象設備等の工事又は整備に関する講習を受けなければならない. 講習の受講期限は, 免状の交付を受けた日以後における最初の 4 月 1 日から 5 年以内に受けなければならない. 当該講習を受けた日以降においても同様とする.
② 消防設備士は, その業務を誠実に行い, 工事整備対象設備等の質の向上に努めなければならない.
③ 消防設備士は, その業務に従事するときは, 消防設備士免状を携帯していなければならない.
④ 甲種消防設備士は, 工事をしようとするときは, その工事に着手しようとする日の 10 日前までに, 工事整備対象設備等の種類, 工事の場所その他必要な事項を消防長又は消防署長に届け出なければならない.

(1)が誤り.
消防設備士は, 都道府県知事が行う工事整備対象設備等の工事又は整備に関する講習を受けなければならない. 講習の受講期限は, 免状の交付を受けた日以後における最初の 4 月 1 日から 2 年以内に受けなければならない. 講習を受けた日以後における最初の 4 月 1 日から 5 年以内に受けなければならない. 当該講習を受けた日以降においても同様とする.

消防の用に供する機械器具等の検定等

問 26　(4)

① 消火器
② 住宅用防災警報器
③ 火災報知設備の受信機
✘ 水溶性液体用泡消火薬剤

(4)は検定対象機械器具ではない.
水溶性液体用泡消火薬剤は規格がない.

問 27　(2)

✘ 日本消防検定協会
② 総務大臣
✘ 都道府県知事
✘ 消防庁長官

(2)が正しい.
　型式承認とは，検定対象機械器具等の型式に係る形状等が総務省令で定める検定対象機械器具等に係る技術上の規格に適合している旨の承認をいう．総務大臣が審査し，型式承認を行う.

問 28　(1)

✘ 泡ヘッド
② 泡消火薬剤
③ 閉鎖型スプリンクラーヘッド
④ 一斉開放弁

(1)は検定対象器具ではない.
　泡消火設備を構成しているもので，検定対象器具は上記のほかは流水検知装置がある.

3-2 第2類に関する部分

設置基準

問29 (3)

- 図 1階と地階だけ設置しなければならない.
- 図 1階と2階だけ設置しなければならない.
- ③ 地階と2階だけ設置しなければならない.
- 図 3階以外はすべて設置しなければならない.

(3)が正しい.

泡消火設備が必要な階ごとの床面積は,地階又は2階以上の階は200 m² 以上,1階部分は500 m² 以上,屋上部分は300 m² 以上(屋上部分を含み,駐車するすべての車両が同時に屋外に出ることができる構造の階を除く.)と規定されている.

問30 (2)

- ① 第1種消火栓設備とは,屋内消火栓設備又は屋外消火栓設備をいう.
- 図 第2種消火設備とは,泡消火設備をいう.
- ③ 第3種消火設備とは,水蒸気消火設備又は水噴霧消火設備などをいう.
- ④ 第4種消火設備とは,大型消火器をいう.

(2)が誤り.

第2種消火設備とは,スプリンクラー設備のことをいう.

危険物施設の消火設備は,次のように区分されている.

区　　分	消火設備の種類
第1種消火設備	屋内消火栓設備又は屋外消火栓設備
第2種消火設備	スプリンクラー設備
第3種消火設備	・水蒸気消火設備又は水噴霧消火設備 ・泡消火設備 ・不活性ガス消火設備 ・ハロゲン化物消火設備 ・粉末消火設備
第4種消火設備	大型消火器
第5種消火設備	・小型消火器 ・水バケツ又は水槽 ・乾燥砂 ・膨張ひる石又は膨張真珠岩

問31　(3)

① 第1類の危険物（アルカリ金属の過酸化物又はこれらを含有するもの以外）
② 第2類の危険物（鉄紛，金属粉若しくはマグネシウム又はこれらのいずれか
　を含有するもの以外）
③ 第3類の危険物
④ 第4類の危険物

　(3)に適用できないものがある．
　第3類の禁水性物品は，泡消火設備では適用できない．禁水性物品以外のもの
については適用できる．

問32　(2)

① 液表面積が20 m² で高さが6 mのもの．
② 液表面積が30 m² で高さが5 mのもの．
③ 液表面積が35 m² で高さが7 mのもの．
④ 液表面積が40 m² で高さが4 mのもの．

　(2)は設置しなくてもよい．
　屋外貯蔵タンクで，第3種消火設備を設置しなければならないものは，液表面
積が40 m² 以上のもの，または6 m 以上のもの．ただし，液体の危険物（第6
類の危険物を除く）を貯蔵するものとする（高引火点危険物のみを100 ℃未満
の温度で貯蔵し，または取り扱うものを除く）．

4 実技試験

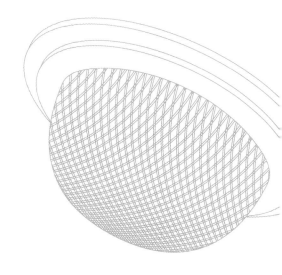

　この章は実技試験に関する部分である．

　実技試験は鑑別等試験と製図試験がある．

　乙種消防設備士試験では鑑別等試験のみだが，甲種消防設備士試験では鑑別等試験と製図試験が行われる．

　鑑別等試験は，機器類の写真や図で出題され，機器の名称，構造，機能，性能などを記述式で答えなければならない．

　ゆえに，2章で学習した内容をよく理解しておくことが必要となる．

　製図試験は，系統図をよく理解する必要がある．系統図の誤りを訂正，不足な機器，配管を追記というようなものが出題される．

　計算問題として，泡消火薬剤量および水源の水量の算出などが出題されるので注意を要する．

note

問 1

　図はポンプの性能とその性能を曲線で表したものである．このポンプは消火ポンプとしては使用できない．その理由を答えなさい．

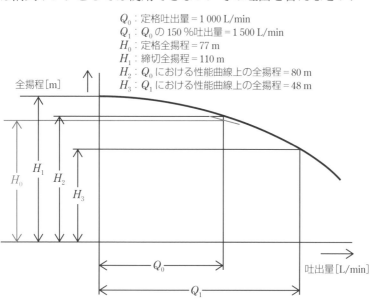

Q_0：定格吐出量 = 1 000 L/min
Q_1：Q_0 の 150 %吐出量 = 1 500 L/min
H_0：定格全揚程 = 77 m
H_1：締切全揚程 = 110 m
H_2：Q_0 における性能曲線上の全揚程 = 80 m
H_3：Q_1 における性能曲線上の全揚程 = 48 m

全揚程[m]

H_0　H_1　H_2　H_3

Q_0

吐出量[L/min]

Q_1

問2

図は起動用水圧開閉装置の構成図の例である．図の中の①と②の機器の名称と使用用途を答えなさい．

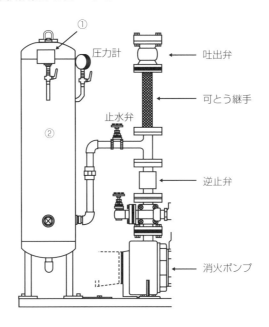

	名　称	使　用　用　途
①		
②		

問3

　図は呼水装置の構成図である．①〜⑥の名称を語群から選び，㋐〜㋔の記号で答えなさい．

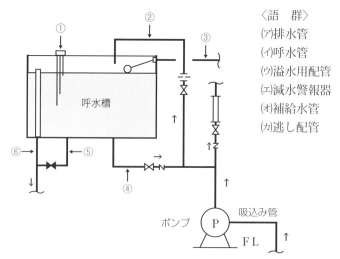

〈語　群〉
㋐排水管
㋑呼水管
㋒溢水用配管
㋓減水警報器
㋔補給水管
㋕逃し配管

	①	②	③	④	⑤	⑥
名称						

問4

　図①〜④は泡消火設備の混合装置の例である．それぞれの混合方式の名称を答えなさい．

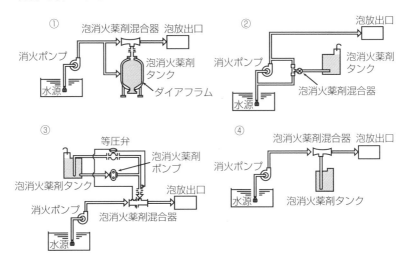

	混合方式の名称
①	
②	
③	
④	

問5

　図は3％型泡消火薬剤を水で希釈して作成した標準の水溶液を，糖度計で測定した結果をグラフにしたものである．

　泡放出口より放出された水溶液を糖度計で測定した結果，糖度計の指示値は2.5を示した．混合率は何％になるか答えなさい．

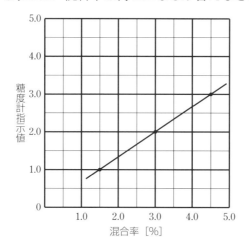

混合率	％

問6

写真は消火ポンプユニットの例である.
①〜⑤の機器の名称を答えなさい.

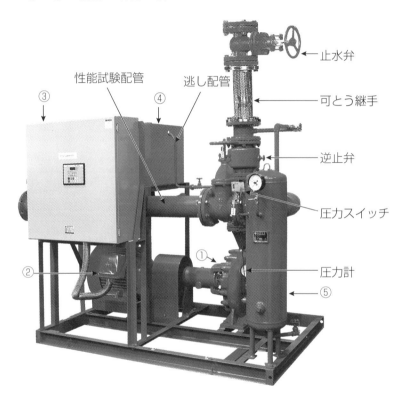

	名　称
①	
②	
③	
④	
⑤	

問7

写真①～④はポンプ周りに使用する機器である.
それぞれの機器の名称と使用用途を答えなさい.

① ② ③ ④

	名　　称	使　用　用　途
①		
②		
③		
④		

問 8

写真の機器の名称と使用用途を答えなさい.

名　　称	使　用　用　途

問 9

写真の機器の名称と使用用途を答えなさい.

名　　称	使　用　用　途

問10

写真①～②の機器の名称と使用用途を答えなさい.

<table>
<tr><td>①</td><td>②</td></tr>
</table>

	名　称	使　用　用　途
①		
②		

問11

写真①～④は，泡消火設備に使用される機器である．それぞれの機器の名称を下記の語群から選び，㋐～㋓の記号で答えなさい．

〈語　群〉
㋐泡ノズル
㋑フォーム・ウォーター・スプリンクラーヘッド
㋒エアーフォームチャンバー
㋓フォームヘッド

①	②	③	④

問12

　写真①～④は，泡消火設備に使用される泡放出口である．それぞれの機器の名称を下記の語群から選び，㋐～㋓の記号で答えなさい．

① ② ③ ④

〈語　群〉

㋐高発泡用泡放出口

㋑閉鎖型泡水溶液ヘッド（上向き型）

㋒移動式泡消火設備（泡消火薬剤タンク内蔵型）

㋓閉鎖型泡水溶液ヘッド（下向き型）

①	②	③	④

問13

写真①〜④は弁類である. それぞれの弁の名称と特徴を答えなさい.

	名　　称	特　　徴
①		
②		
③		
④		

問 14

写真①～④は弁類である．それぞれの弁の名称と特徴を答えなさい.

① ② ③ ④

	名　称	特　徴
①		
②		
③		
④		

問15

　写真①〜②は同じ機能をもつ機器である．それぞれの機器の名称と機能を答えなさい．

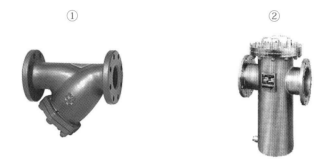

	名　　称	機　　能
①		
②		

問16

写真①〜②は泡消火設備の感知ヘッドの代表的なものである. それぞれの機器の名称を答えなさい.

①   ②

	名　　称
①	
②	

問17

写真①～③は消火設備の試験および点検に使用するものである．それぞれの機器の名称と使用用途を答えなさい．

①　　　　　　　　　　②　　　　　　　　　　③

	名　称	使　用　用　途
①		
②		
③		

問18

　写真は泡消火設備の試験および点検に使用する機材である．この機材の①〜④の名称と使用用途を答えなさい．

	名　　称	使　用　用　途
①		
②		
③		
④		

問 19

　写真は泡消火設備の試験および点検に使用する機材である．この機材の①～②の名称と使用用途を答えなさい．

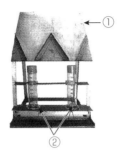

	名　称	使　用　用　途
①		
②		

問20

　写真①〜④は管継手類である．それぞれの名称と使用用途を答えな
さい．

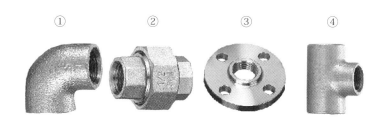

	名　　称	使　用　用　途
①		
②		
③		
④		

問21

写真①〜④は管継手類である．それぞれの名称と使用用途を答えなさい．

	名　　称	使　用　用　途
①		
②		
③		
④		

問22

　写真①〜④は管継手類である．それぞれの名称と使用用途を答えなさい．

	名　　称	使　用　用　途
①		
②		
③		
④		

問 23

写真①～③は支持金物類である．それぞれの名称と使用用途を答え
なさい．

	名　　称	使　用　用　途
①		
②		
③		

問24

写真①〜④は支持金物類である．それぞれの名称と使用用途を答えなさい．

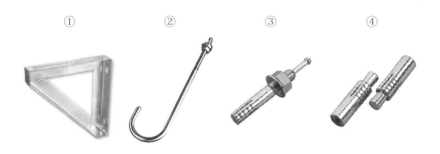

	名　　称	使　用　用　途
①		
②		
③		
④		

問25

写真①〜④は工具類である．それぞれの名称と使用用途を答えなさい．

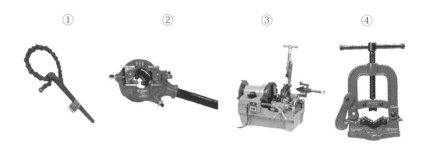

	名　称	使　用　用　途
①		
②		
③		
④		

問26

写真①～④は工具類である．それぞれの名称と使用用途を答えなさい．

① ② ③ ④

	名　称	使　用　用　途
①		
②		
③		
④		

問 27

写真①～④は工具類である．それぞれの名称と使用用途を答えなさい．

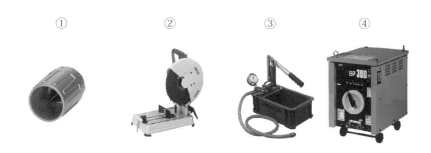

①　②　③　④

	名　　称	使　用　用　途
①		
②		
③		
④		

問28

図は泡消火設備の系統図の例である．配管が記載されてないところがあるので，配管を追記して系統図を完成させなさい．

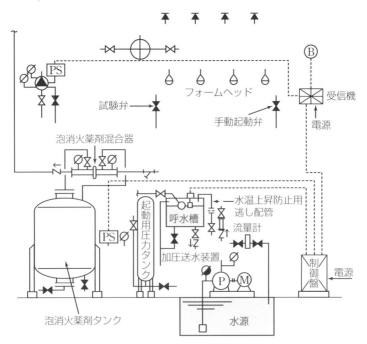

凡例

⚑	火災感知用ヘッド	⬭	泡ヘッド	⌁	Y型ストレーナ
⋈	止水弁（常時開）	⊷	止水弁（常時閉）	↰	逆止弁
⊢⊣	可とう継手	⌴	フート弁	Ⓑ	ベル
∅	圧力計	∅	連成形	⊕	一斉開放弁
⫴	オリフィス	PS	圧力スイッチ	⊸	ボールタップ
⬤	流水検知装置	——	配管	— —	配線
⊟	フロートスイッチ	P⇌M	ポンプ・モーター		

問 29

　図は駐車場である．泡消火設備を設置する場合にあたって，次の問に答えなさい．

　ただし，使用する泡消火薬剤は水成膜泡消火薬剤で，3 %型とする．また，泡放出口 1 個の泡水溶液の放射量は，35 L/min とする．

(1) 設置できる泡放出口の種類はなにか．

(2) 全体に必要な泡放出口の最低数量は何個か．根拠も述べなさい．

(3) 放射区画数は何区画になるか．根拠も述べなさい．

(4) この駐車場に必要な泡消火薬剤量を求めなさい．ただし，管内充満量は除く．

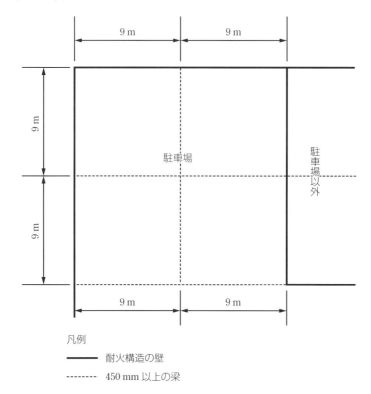

凡例

――――　耐火構造の壁

-------　450 mm 以上の梁

問30

　図は消火ポンプ周りの系統図である．図の誤りを4箇所指摘し訂正しなさい．

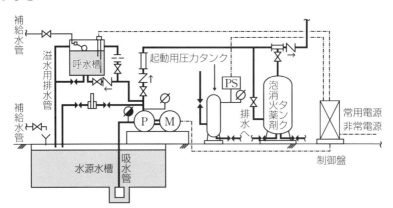

凡例

⋈	止水弁（常時開）	➤◄	止水弁（常時閉）
↗	逆止弁	PS	圧力スイッチ
∅	圧力計	∅	連成計
⊡	可とう継手	╟╢	オリフィス
⊡	フート弁	↗	ボールタップ
―	配管	---	配線

問31

　図は泡消火設備の配線系統図である．誤っている配線の種類の番号を指摘し，正しい配線の種類を答えなさい．

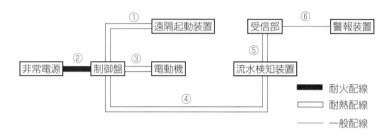

誤っている番号	正しい配線の種類

問 32

図はポンプの性能試験配管の系統図の例である．ポンプの性能試験を行うための操作手順を答えなさい．

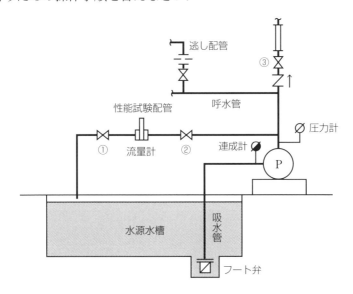

操作手順	操　作　内　容
1	
2	
3	
4	
5	

問 33

　図は泡消火設備の泡消火薬剤混合装置の系統図の例である．この系統図の混合方式および①，②の機器の名称を答えなさい．

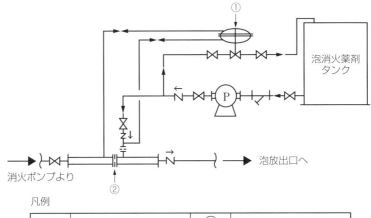

凡例

—	配管	P	泡消火薬剤ポンプ
⋈	止水（液）弁（常時開）	▽	Y型ストレーナ
↗	逆止弁	⊩⊩	オリフィス
►—	流れ方向（矢印方向）	►◄	流れ方向（交互方向）

混合方式	
①の機器の名称	
②の機器の名称	

問34

　図は危険物を貯蔵する貯槽の消火に使用される泡放出口である.
①〜④の部分の名称を答えなさい.

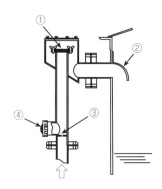

	部　分　の　名　称
①	
②	
③	
④	

note

4-1　鑑別等試験

問 1

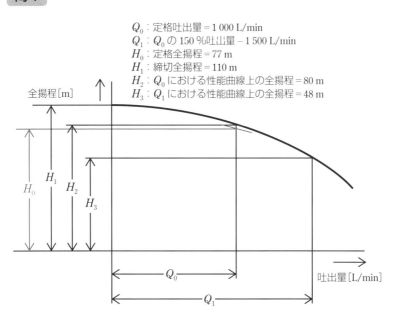

Q_0：定格吐出量 = 1 000 L/min
Q_1：Q_0 の 150 ％吐出量 = 1 500 L/min
H_0：定格全揚程 = 77 m
H_1：締切全揚程 = 110 m
H_2：Q_0 における性能曲線上の全揚程 = 80 m
H_3：Q_1 における性能曲線上の全揚程 = 48 m

全揚程［m］

吐出量［L/min］

　消火ポンプとして使用できない理由は，定格吐出量（Q_0）の 150 ％吐出量（Q_1）のときの全揚程にある.
　Q_1 のときの全揚程は，Q_0 のときの全揚程の 65 ％以上なければならないので次の計算式のようになる.
　Q_0 のときの全揚程 80 m（H_2）× 65 ％ = 52 m
ゆえに，H_3 は 52 m 以上必要となるので消火ポンプとしては使用できない.

問2

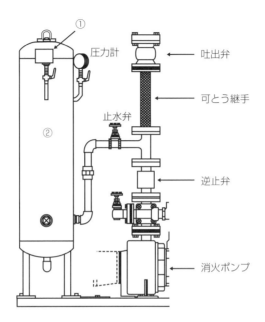

	名　称	用　途
①	起動用圧力開閉器（圧力スイッチ）	配管内の圧力が起動用開閉器（圧力スイッチ）の設定圧力以下に減圧すれば，起動用開閉器（圧力スイッチ）が働き，ポンプを起動させるためのものである.
②	起動用圧力タンク	圧力タンク内の空気を水圧で圧縮し，微量の漏水は空気の膨張により急激な圧力の低下を防ぎ，不要なポンプの起動を抑えるためのものである.

問3

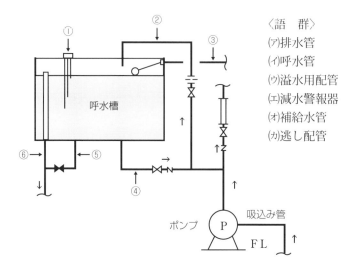

〈語　群〉
(ア)排水管
(イ)呼水管
(ウ)溢水用配管
(エ)減水警報器
(オ)補給水管
(カ)逃し配管

	①	②	③	④	⑤	⑥
名称	(エ)	(カ)	(オ)	(イ)	(ア)	(ウ)

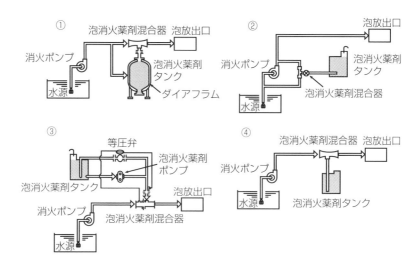

	混合方式の名称
①	プレッシャー・プロポーショナー方式
②	ポンプ・プロポーショナー方式
③	プレッシャー・サイド・プロポーショナー方式
④	ライン・プロポーショナー方式

問5

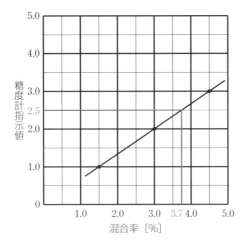

混合率	
	3.7　%

問6

	名　称
①	ポンプ
②	モーター
③	ポンプ制御盤
④	呼水槽
⑤	起動用圧力タンク

問7

①

②

③

④

	名　称	使　用　用　途
①	可とう継手（フレキシブルチューブ）	地震による振動などに耐えるための有効な措置として，機器と配管の接続部に使用される.
②	フート弁	ポンプ内の落水の防止と，配管内への異物の混入防止のためのもの.
③	圧力計	液体や気体の圧力を測る計器. ポンプの吐出側の配管，流水検知装置の一次側，二次側，起動用圧力開閉装置に設置される.
④	連成計	液体や気体の負圧を測る計器. ポンプの吸込側の配管に設置される.

問8

名　　称	使　用　用　途
流量計	液体の流量を測定する機器. ポンプの性能試験配管に設置される.

問9

名　　称	使　用　用　途
流水検知装置（湿式）	本体内の流水現象を自動的に検知して，信号または警報を発する装置をいう．設備が起動したことを知らせる.

問 10

① ②

	名　称	使　用　用　途
①	一斉開放弁（減圧開型）	配管途中に設けられている弁で，消火に必要な区域のすべての放出口に送水する制御弁として用いられる.
②	一斉開放弁（加圧開型）	減圧開型と加圧開型の見分け方は，減圧開型は矢印の部分に感知ラインの配管の接続口がある.

問 11

① ② ③ ④

〈語　群〉
㋐泡ノズル
㋑フォーム・ウォーター・スプリンクラーヘッド
㋒エアーフォームチャンバー
㋓フォームヘッド

①	②	③	④
㋓	㋑	㋐	㋒

問12

① ② ③ ④

〈語　群〉

(ア)高発泡用泡放出口

(イ)閉鎖型泡水溶液ヘッド（上向き型）

(ウ)移動式泡消火設備（泡消火薬剤タンク内蔵型）

(エ)閉鎖型泡水溶液ヘッド（下向き型）

①	②	③	④
(ウ)	(ア)	(エ)	(イ)

問 13

	名　称	特　徴
①	ボール弁	流水抵抗は少ない．流れ方向は限定されない．
②	外ねじ式仕切弁 （ゲート弁）	スピンドルの出具合で弁の開閉状態がわかる． 流水抵抗は少ない．流れ方向は限定されない．
③	玉形弁 （グローブバルブ）	流水抵抗は大きい．流れ方向は限定される．流量調整 に適している．
④	内ねじ式仕切弁 （ゲート弁）	スピンドルが上昇しないので，開閉状態を示す表示が 必要．流水抵抗は少ない．流れ方向は限定されない．

問14

	名　称	特　徴
①	バタフライ弁	流水抵抗は少ない．流れ方向は限定されない．
②	スイング型逆止弁	流体が逆流するのを防止する弁．流水抵抗は大きい．
③	リフト型逆止弁	流体が逆流するのを防止する弁．流水抵抗は大きい．
④	ウエハ型逆止弁	流体が逆流するのを防止する弁．流水抵抗は少ない．

問15

①

②

	名　称	機　能
①	Y形ストレーナ	液体から固形物を除去するための機器.
②	バケット型ストレーナ	

問16

①

②

	名　称
①	閉鎖型スプリンクラーヘッド（上向き型）
②	定温式スポット型感知器

問17

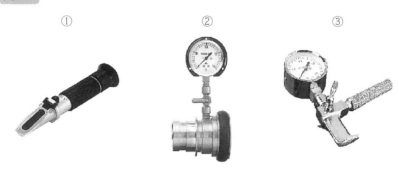

	名　称	使　用　用　途
①	糖度計（手持ち屈折計）	泡消火薬剤と水の混合率を測定する計器.
②	圧力計付媒介金具	移動式の泡消火設備の放射圧力を測定するために，ノズルと消防用ホースの間に接続するもの.
③	ピトーゲージ	棒状で液体を放射するノズルの放射圧力を測定するもの.

問 18

	名　称	使　用　用　途
①	泡試料コレクタ	
②	泡試料コンテナ	たん白泡消火薬剤および合成界面活性剤泡消火薬剤の泡を収集および 25 ％還元時間を測定する機器.
③	泡試料コンテナ台	
④	メスシリンダー	

問 19

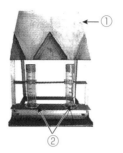

	名　称	使　用　用　途
①	泡試料コレクタ	水成膜泡消火薬剤の泡を収集および 25 ％還元時間を測定する機器.
②	メスシリンダー	

問20

①　②　③　④

	名　称	使　用　用　途
①	90°エルボ	配管の90°屈曲部の接続に使用する.
②	ユニオン	直管と直管の接続部に使用し，配管の取り外しが必要な部分に使用する.
③	フランジ	直管と直管の接続および直管と機器の接続に使用する.
④	チーズ	配管の3方向分岐部を接続するために使用する.

問 21

① ② ③ ④

	名　称	使　用　用　途
①	レジューサー	配管径の変更部分の接続に使用する.
②	キャップ	配管の末端部を閉塞するために使用する.
③	ブッシング	配管径の変更部分の接続に使用する.
④	ソケット	直管と直管の接続に使用する.

問 22

① 　② 　③ 　④

	名　　称	使　用　用　途
①	プラグ	ノズルなどのねじ込み取付部を閉塞するために使用する.
②	短ニップル	配管などの接続に使用する.
③	クロス	配管の 4 方向分岐部を接続するために使用する.
④	45° エルボ	配管の 45° 屈曲部の接続に使用する.

問 23

① ② ③

	名　　称	使　用　用　途
①	U バンド	配管を固定するもの.
②	サドルバンド	小口径の配管を固定するもの.
③	ターンバックル付き吊り金具	配管を吊るもの

問 24

	名　称	使　用　用　途
①	三角ブラケット	配管を支えるもの.
②	J形アンカーボルト	機器などをコンクリートの基礎に固定するために用いるもの.
③	オールアンカー	
④	グリップアンカー	

問 25

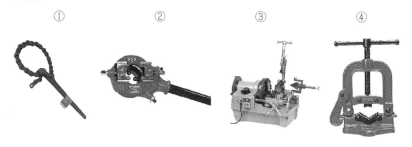

	名　称	使　用　用　途
①	チェーントング	大口径の配管の締め付け，取り外しに使用.
②	ねじ切り器	手動で配管のねじを切るのに使用.
③	ねじ切り旋盤	電動で配管のねじを切るのに使用.
④	パイプバイス	配管を加工するために，配管を固定するのに使用.

問 26

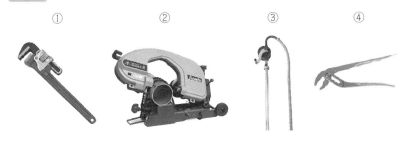

① ② ③ ④

	名　称	使　用　用　途
①	パイプレンチ	小口径の配管の締め付け，取り外しに使用.
②	バンドソー	配管，鋼材の切断に使用.
③	ハンドロータリーポンプ	手動のポンプで，ドラム缶より液体を取り出すために使用.
④	プライヤー	丸棒などを回転させるために使用.

問27

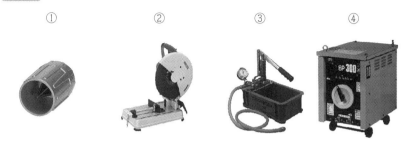

	名　称	使　用　用　途
①	リーマ	切断後の配管のバリ取りに使用.
②	高速カッター	電動の切断機で，切断速度が速い.
③	手動式テストポンプ	手動式のポンプ．高圧で送水できるので耐圧テストに使用される.
④	アーク溶接機	配管，鋼材などの金属を溶接する機械.

問 28

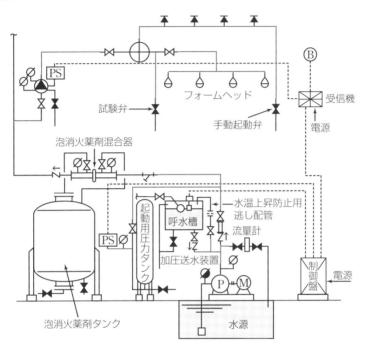

フォームヘッド

受信機
電源

試験弁

手動起動弁

泡消火薬剤混合器

起動用圧力タンク

呼水槽

水温上昇防止用
逃し配管

流量計

加圧送水装置

制御盤
電源

泡消火薬剤タンク

水源

凡例

☗	火災感知用ヘッド	⬮	泡ヘッド	⬙	Y 型ストレーナ
⋈	止水弁（常時開）	►◄	止水弁（常時閉）		逆止弁
⊏⊐	可とう継手	⊔	フート弁	Ⓑ	ベル
∅	圧力計	⬗	連成形	⊕	一斉開放弁
╪	オリフィス	PS	圧力スイッチ	○	ボールタップ
◉	流水検知装置	——	配管	— —	配線
⬚	フロートスイッチ	P ⬌ M	ポンプ・モーター		

問 29

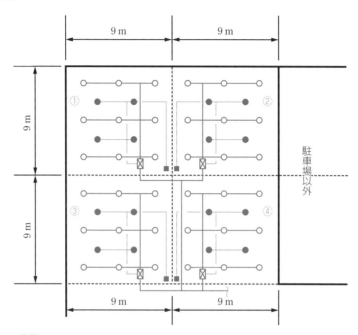

凡例

(No)	放射区画	○	泡ヘッド
●	火災感知用ヘッド	⊠	一斉開放弁
■	手動起動装置	══	配管

(1) 設置できる泡放出口の種類はなにか.

フォームヘッドである.

(2) 全体に必要な泡放出口の最低数量は何個か. 根拠も述べなさい.

泡放出口の最低数量は次の式にて求める.

$N = A/a$

N：泡放出口の最低必要数量（個）

A：駐車場全体の面積 ＝ （9 m ＋ 9 m）× （9 m ＋ 9 m）＝ 324 m²

a：フォームヘッド 1 個の最大警戒面積 ＝ 9 m²

$N = 324\,m² ÷ 9\,m² = 36$ 個

ゆえに，36 個である.

(3) 放射区画数は何区画になるか．根拠も述べなさい．

駐車場に設ける泡消火設備の1の放射区域の面積は50 m² 以上 100 m² 以下と規定されているので，駐車場全体の面積を1の放射区域最大面積で除算すると，324 m² ÷ 100 m² = 3.24 区画となる．

ゆえに，小数点以下を繰り上げて，4 区画となる．

(4) この駐車場に必要な泡消火薬剤量を求めなさい．ただし，管内充満量は除く．

まず，この駐車場の最大放射量を求める．

最大放射量は，隣接する2放射区域の面積が最大となる部分に設けられたすべての泡ヘッドから同時に放射される量以上，という規定になっているので，①と②区画を最大面積として，計算式は次のようになる．

$$Q = Q_1 + Q_2 = 315 \, L/min + 315 \, L/min = 630 \, L/min$$

　　Q：最大放射量（L/min）

　　Q_1：①区画の放射量 = 35 L/min × 9 個 = 315 L/min

　　Q_2：②区画の放射量 = 35 L/min × 9 個 = 315 L/min

ゆえに，最大放射量は，630 L/min となる．

次に泡水溶液量を求め，泡消火薬剤量を求める．

泡水溶液量は上記の最大放射量を10分以上放射する量となるので，泡水溶液量および泡消火薬剤量の計算式は次のようになる．

　　泡水溶液量

　　　630 L/min × 10 分 = 6 300 L

　　泡消火薬剤量

　　　6 300 L × 0.03（3 %）= 189 L

ゆえに，消火薬剤量は189 L 以上必要となる．

問30

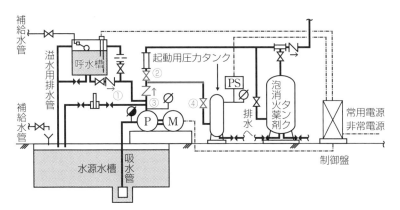

凡例

⋈	止水弁（常時開）	➤◄	止水弁（常時閉）
↘	逆止弁	PS	圧力スイッチ
∅	圧力計	⊘	連成計
⊏⊐	可とう継手	⊩⊩	オリフィス
⊓	フート弁	⌐	ボールタップ
—	配管	‒·‒	配線

誤り箇所

①逆止弁の流れ方向が逆になっている.

②この位置には止水弁になる.

③この位置には逆止弁になる.

④この止水弁は常時開でなければならない.

問31

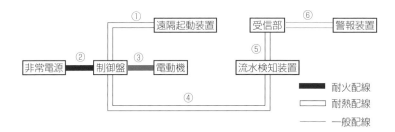

誤っている番号	正しい配線の種類
③	耐火配線
⑥	耐熱配線

問 32

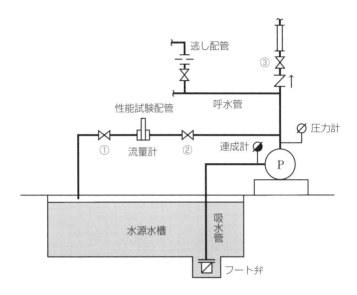

操作手順	操 作 内 容
1	③の弁を閉める.
2	ポンプを起動する.
3	②の弁を全開にする.
4	①の弁を徐々に開け，規定流量まで①の弁を開く.
5	規定流量に達したら，①の弁を開くのを停止し，ポンプの圧力が規定圧力であるか確認する.

問 33

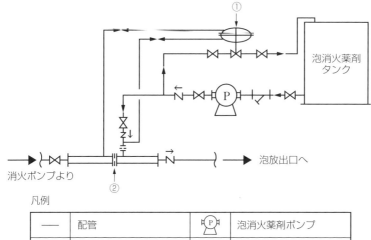

凡例

—	配管		泡消火薬剤ポンプ
⋈	止水(液)弁(常時開)	▽	Y型ストレーナ
↗	逆止弁	⊞	オリフィス
►—	流れ方向(矢印方向)	►◄	流れ方向(交互方向)

混合方式	プレッシャー・サイド・プロポーショナー方式
①の機器の名称	等圧弁
②の機器の名称	混合器

問 34

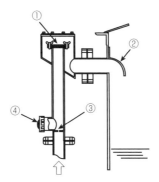

	部 分 の 名 称
①	封板
②	デフレクター
③	オリフィス
④	空気吸入口

note

―― 著 者 略 歴 ――

髙田 純二 (たかだ じゅんじ)

平成29年（2017年）日本ドライケミカル株式会社退職

準備バッチリ 消防設備士2類問題集

| 2020年　2月14日 | 第1版第1刷発行 |
| 2022年　6月　1日 | 第1版第2刷発行 |

著　　者　髙　田　純　二

発　行　者　田　中　　聡

発　行　所

株式会社　電　気　書　院

ホームページ　www.denkishoin.co.jp

（振替口座　00190-5-18837）

〒101-0051　東京都千代田区神田神保町1-3 ミヤタビル2F

電話(03)5259-9160／FAX(03)5259-9162

印刷　株式会社シナノパブリッシングプレス

Printed in Japan／ISBN978-4-485-23030-5

［本書の正誤に関するお問い合せ方法は，最終ページをご覧ください］

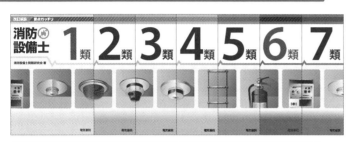
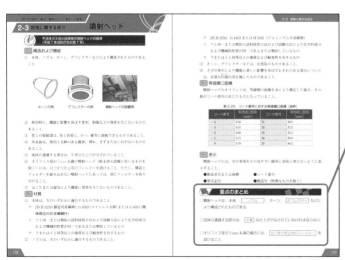

書籍の正誤について

万一，内容に誤りと思われる箇所がございましたら，以下の方法でご確認いただきますよう
お願いいたします.

なお，正誤のお問合せ以外の書籍の内容に関する解説や受験指導などは**行っておりません**.
このようなお問合せにつきましては，お答えいたしかねますので，予めご了承ください.

正誤表の確認方法

最新の正誤表は，弊社Webページに掲載しております.
「キーワード検索」などを用いて，書籍詳細ページをご
覧ください.

正誤表があるものに関しましては，書影の下の方に正誤
表をダウンロードできるリンクが表示されます. 表示さ
れないものに関しましては，正誤表がございません.

弊社Webページアドレス
https://www.denkishoin.co.jp/

正誤のお問合せ方法

正誤表がない場合，あるいは当該箇所が掲載されていない場合は，書名，版刷，発行年月
日，お客様のお名前，ご連絡先を明記の上，具体的な記載場所とお問合せの内容を添えて，
下記のいずれかの方法でお問合せください.
回答まで，時間がかかる場合もございますので，予めご了承ください.

郵便で問い合わせる	郵送先	〒101-0051 東京都千代田区神田神保町1-3 ミヤタビル2F ㈱電気書院　出版部　正誤問合せ係
FAXで問い合わせる	ファクス番号	**03-5259-9162**
ネットで問い合わせる	弊社Webページ右上の**「お問い合わせ」**から https://www.denkishoin.co.jp/	

お電話でのお問合せは，承れません

(2021年1月現在)